Petra Schulte-Wintrop

Spannungsfeld Partnerschaft

Ein Ratgeber

„Spannungsfeld Partnerschaft“,
erschienen 6-2019, 2. Auflage
Verlagshaus Schlosser, 85551 Kirchheim

Text: Petra Schulte-Wintrop
Umschlag, Layout & Druck: Verlagshaus Schlosser
ISBN: 978-3-96200-227-5
€: 14,90

Inhalt

Danksagung

Bei der Erstellung des vorliegenden Ratgebers stand mir mein Kollege, Herr Diplom-Psychologe Dr. Hans-Ulrich Dombrowski, mit hilfreichen Anregungen und kritischen Rückmeldungen zur Seite.

Meine Schweizer Kollege, der Paar- und Familientherapeut Vinzenz Rösli, konnte mir als Mediations-Experte wertvolle Hinweise zum Thema Mediation geben.

Frau Beate Hagemann half mir, das Manuskript in EDV-gerechter Form zu bringen.

Bei der Erstellung und Gestaltung der Abbildungen stand mir Frau Christina König als Grafik-Designerin mit ihren guten Ideen zur Verfügung.

Meinem Mann danke ich für seine Geduld und seine konstruktive Unterstützung.

Ihnen allen möchte ich an dieser Stelle meinen herzlichen Dank aussprechen.

Dr. Petra Schulte-Wintrop

Münster, im Februar 2003

Einleitung

Liebe Leserin, lieber Leser!

Eine neue Sehnsucht nach Geborgenheit und Bindung bestimmt aktuell unsere Lebensgestaltung. Wie bereits der „SPIEGEL" berichtet, zeigt sich zu Beginn des neuen Millenniums ein Trend zur Rückbesinnung auf die traditionelle Institution der Partnerschaft und Ehe.

Allmählich setzt sich die Erkenntnis durch, dass der sexuelle Hedonismus und kurzlebige Affären nicht die Nähe und Sicherheit ersetzen können, die der Einzelne so dringend sucht. Treue und dauerhafte Bindungen sind wieder gefragt.

Ihre besondere Bedeutung gewinnt die neue Sehnsucht nach Zweisamkeit vor dem Hintergrund unserer derzeitigen Gesellschaft, die sich durch Kälte, Leistungsdruck, Profitgier, hoch spezialisierte Technologien bis hin zur Gentechnik und dem Zwang zur fast grenzenlosen Flexibilität auszeichnet.

Es hat sich also ein Wertewandel vollzogen, der aus den gesellschaftlichen Veränderungen der letzten Jahrzehnte herzuleiten ist.

War einst die materielle Versorgung und Sicherheit der maßgeblich stabilisierende Faktor von Ehe und Familie, so zeigte sich durch die zunehmende wirtschaftliche Unabhängigkeit von Frauen und deren Selbstbestimmung in Fortpflanzungsfragen im modernen Wohlfahrtsstaat der siebziger und achtziger Jahre ein Trend zur Individualisierung und damit ein Anspruch auf Selbstbestimmung und Befreiung. Letzteres fand seinen Ausdruck in einer Tendenz zum Single-Dasein als eine von vielen neuen Formen der Lebensgestaltung (z. B. allein erziehende Väter und Mütter) sowie in Form von zunehmenden Scheidungsziffern. Betrug die Scheidungsquote von den in den fünfziger Jahren geschlossenen Ehen etwas mehr als 10 Prozent, so stieg sie in den neunziger Jahren auf etwa 36 Prozent an.

Galt Scheidung im Rahmen der Frauenbewegung in den siebziger Jahren noch als Zeichen der Befreiung, so darf man seit den neunziger Jahren wieder zugeben, dass man einen anderen Menschen braucht und selber gebraucht werden will.

Die neue Wertschätzung von Partnerschaft und Familie und die Suche nach dem dauerhaften Glück sind nicht nur als Reaktion auf die überstrapazierte Idee der Befreiung zu verstehen. Sie erwächst auch vor dem Hintergrund der Schnelllebigkeit und des raschen Wandels in unserer Gesellschaft und dem hieraus resultierenden Bedürfnis nach Konstanz, Bestätigung und Sinnfindung in der Partnerschaft.

An Partnerschaft und Ehe werden heute dementsprechend in erster Linie emotionale Ansprüche gestellt, die häufig jedoch unrealistisch und überzogen sind. Man denke etwa an überhöhte Vorstellungen von einer Partnerschaft wie „der einzig wahren, großen Liebe" oder der Ehe als „Höhle der Geborgenheit", welche Schutz und Sinngebung angesichts der rauen Außenwelt verspricht. Solche Erwartungen prallen früher oder später auf die Realität des Beziehungsalltags: Partnerschaft an sich ist nämlich eine Belastungssituation, die Flexibilität und Kompromissbereitschaft erfordert. Überhöhte Erwartungen und Vorstellungen führen zu Problemen in Partnerschaft und Ehe und münden nicht selten in eine Trennung. Die wachsenden Scheidungsziffern sind ein Indiz auch dafür, dass Beziehungen mit Idealen überfrachtet werden, denen sie im Alltag und auf Dauer nicht standhalten können.

Partnerschaften in der heutigen Zeit vollziehen sich demzufolge in einem Spannungsfeld: Hin- und hergerissen zwischen den emotionalen Erwartungen der Partner einerseits und den diametral entgegenlaufenden gesellschaftlichen Ansprüchen andererseits grenzen diejenigen Partnerschaften eher an ein Wunder, die zwanzig Jahre und länger gehalten haben.

Das vorliegende Buch beleuchtet nicht nur Partnerkonflikte und Trennungen. Es will vielmehr zunächst der Frage nachgehen, was eine funktionierende bzw. „gesunde" Partnerschaft ausmacht. Die wichtigsten Kriterien, die über das Gelingen einer Beziehung entscheiden, werden dabei im Einzelnen vorgestellt. Davon unterschieden werden in einem zweiten Schritt Merkmale gestörter Partnerschaften. Partnerschaftskonflikte resultieren nicht nur aus der erwähnten Überfrachtung einer Beziehung mit überhöhten und unrealistischen Vorstellungen und Idealen. Häufig ist es z. B. eine gestörte Kommunikation, die für Konfliktpotenzial sorgt. Unter den Merkmalen gestörter Partnerschaften soll auch die Rolle der Coabhängigkeit beleuchtet werden. Hierbei handelt sich um eine Form von Verstrickung der Partner, die eine Beziehung ernsthaft gefährden bzw. zerstören kann. Auch auf dieses Problem möchte ich in diesem Buch näher eingehen.

Beziehungsprobleme können darüber hinaus nicht losgelöst von den frühen Prägungen der beiden Partner in ihren jeweiligen Ursprungsfamilien betrachtet werden: Die Erfahrungen, die ein Kind mit der Ehe seiner Eltern macht, prägen sein eigenes späteres Beziehungsverhalten. Statistisch drückt sich dieser Zusammenhang u. a. darin aus, dass Kinder aus Scheidungsfamilien sich später anderthalbmal häufiger von ihren Partnern trennen als Kinder aus ungeschiedenen Ehen.

Die aktuellen Partnerschaftskonflikte, aber auch die wachsende Bereitschaft von Paaren, mit professioneller Hilfe an ihrer Beziehung zu arbeiten, schafft einen Bedarf an Ehe- und Familienberatungsstellen und qualifizierten Psycho- und Paartherapeuten, welcher derzeit bei weitem noch nicht abgedeckt ist. In der konkreten Paartherapie zeigt sich häufig, dass es langfristig gesehen lohnenswerter ist, sich und sein Verhalten in der bestehenden Beziehung zu verändern, als in einer neuen Partnerschaft immer wieder von vorn anzufangen und dabei das eigene Muster mitzunehmen und zu wiederholen.

Von der Inanspruchnahme professioneller Hilfe ihrer Eltern profitieren nicht zuletzt die betroffenen Kinder. Diese tragen – nicht selten lebenslang – die Bürde der Beziehungsprobleme ihrer Eltern auf ihren Schultern.

Ein dringender Bedarf an professioneller Hilfe besteht nicht zuletzt auch im Trennungsfall. Trennungen verlaufen häufig destruktiv, d. h. nicht einvernehmlich. Darunter leiden nicht nur die Partner, sondern auch deren Kinder. Therapeutische Hilfe ist hier vonnöten, um eine konstruktive Trennung möglich zu machen.

Professionelle Hilfe bzw. Selbsthilfestrategien können im Falle einer ernsthaften Beziehungskrise die Partner dabei unterstützen, einer Lösung näher zu kommen. Es scheint, als könnte so manche Liebe gerettet werden, wüssten die Partner mehr über sich, den anderen und die oft unsichtbaren und unbewussten „Störenfriede" der Liebe. Jeder Partner kann für seinen Anteil an der Partnerproblematik Verantwortung übernehmen und versuchen, diesen zu verändern, um nicht vorschnell die Beziehung zu beenden.

Ebenso kann jeder seine Ausdauer und Verantwortungsbereitschaft steigern, was die Arbeit an seiner Partnerschaft und an sich selber betrifft.

Mit dem vorliegenden Buch möchte ich Ihnen Mut machen, diesen Weg zu beschreiten. Eine Bewältigung von Partnerproblemen ist möglich. Auch Sie können es schaffen, wenn Sie dazu bereit sind!

Gleichzeitig möchte ich Sie ermutigen, sich im Falle einer anstehenden oder bereits vollzogenen Trennung für eine konstruktive Umsetzung derselben zu entscheiden. Eine neue Partnerschaft, evtl. vorhandene Kinder und Ihre eigene Gesundheit werden hiervon immens profitieren.

Vielleicht möchten Sie sich aber mit diesem Buch einfach nur über das Thema Partnerschaft informieren. Möglicherweise wollen Sie Ihr Verständnis heutiger Partnerprobleme vertiefen.

Sollten Sie sich selber mit Ihrer Partnerschaft in einer Krise bzw. einer Sackgasse befinden, möchte ich Sie einladen, mit Hilfe der Inhalte und Fallbeispiele nach Parallelen zu Ihrer eigenen Partnerschaft Ausschau zu halten und die Anregungen zur Selbsthilfe zu nutzen – um hierdurch festgefahrene Bahnen zu durchbrechen.

Das Buch ist in zwei Teile eingeteilt. Im ersten, theoretisch-informativen Teil berichte ich über die Themen Partnerschaft, dabei vor allem über Merkmale gelungener Beziehungen, Partnerschaftskonflikte und Trennungen. Im zweiten, praktischen Teil zeige ich Möglichkeiten auf, wie eine Partnerschaft verbessert bzw. gestärkt werden kann und mit welchen Möglichkeiten sich Partnerschaftskonflikte und Trennungen bewältigen lassen.

Dieses Buch stellt keine wissenschaftliche Abhandlung dar, sondern eine konkrete Hilfe für den Alltag. Damit ist es praxisorientiert, d.h. an den Bedürfnissen Interessierter und Betroffener ausgerichtet. Es ersetzt jedoch keine Beratung oder Therapie.

Die Ausführungen und Beispiele in diesem Buch beziehen sich auf heterosexuelle Beziehungen – sie lassen sich jedoch ohne weiteres auch auf homosexuelle Beziehungen übertragen.

Sollten Sie durch die Einleitung bereits neugierig geworden sein, können wir die Reise zu dem spannenden Thema „Partnerschaft" beginnen. Sie werden dabei auch eine Menge über sich selber erfahren.

Nicht zuletzt wird durch die im Text enthaltenen Beispiele Ihr Bewusstsein dafür geschärft, dass im ungünstigsten Fall nicht selten ein Mensch aufgrund einer ungesunden Verstrickung mit einem Partner regelrecht schwer erkranken kann – wohingegen sich eine Partnerschaft im günstigen Fall zu einer Quelle beiderseitigen Wachstums entwickeln kann.

I. Teil

Grundlegende Informationen zur Partnerschaft

Prüfsteine für eine glückliche Partnerschaft

Bei der Beschreibung ihrer Partnerschaft heben viele Menschen im Alltag Probleme und negative Aspekte hervor. Dieser Trend der Konzentration auf die Konfliktseite von Partnerschaften lässt sich auch in Fachbüchern zum Thema Partnerschaft beobachten. Ich möchte es jedoch anders machen und zunächst auf Aspekte eingehen, die eine glückliche Beziehung kennzeichnen. Diese Momente rücken vielfach in den Hintergrund, wenn eine Beziehung belastet ist. Wird eine Partnerschaft von Konflikten überschattet, treten die Partner bei ihren Bemühungen um eine Lösung nicht selten auf der Stelle. Die Merkmale zufriedener Paare geben Hinweise auf mögliche Gründe von Partnerproblemen sowie auf Ziele, welche ein Paar für eine Veränderung der Beziehung benötigt. Andererseits bestehen heutzutage nicht selten Wissensdefizite darüber, was eine Partnerschaft überhaupt gelingen lässt. Sie können sich daher mit den folgenden Ausführungen informieren, Sie können sich aber auch sensibilisieren für mögliche Richtungen, die Sie für eine Veränderung Ihrer Partnerschaft benötigen.

Am Beispiel von verheirateten, glücklichen Paaren sind amerikanische Forscher in einer Längsschnittsstudie genau der Frage nachgegangen, was glückliche Beziehungen überhaupt auszeichnet. Bei der Auswertung dieser Studie fanden sie verschiedene Kriterien.

Sich die Partnerschaft zu erarbeiten – nicht nur einmal, sondern täglich aufs Neue – vollzieht sich den Ergebnissen zufolge durch die Bewältigung verschiedener Aufgaben.

Das Fundament: tiefe freundschaftliche Verbundenheit

Zu dieser Basis gehört die Aufgabe, die Partnerschaft auf eine tiefe Freundschaft zu gründen. Damit verbunden sind gegenseitige Achtung und Respekt sowie Freude an der Gemeinschaft mit dem anderen. Der gegenseitigen Zuneigung wird nicht nur zu besonderen Anlässen Ausdruck verliehen, sondern vor allem in den kleinen alltäglichen Dingen.

Achtung und Zuneigung für den Partner zeigt sich z. B. darin, dass man seine Lieblingsmusik auflegt oder daran denkt, bei bestimmten Gerichten seine bevorzugten Gewürze und Soßen zu verwenden; ebenso dadurch, dass

man dem Partner eine kleine Überraschung mitbringt und ihm dadurch verdeutlicht, dass man sich gemerkt hat, was ihm gefällt und womit man ihm eine Freude machen kann.

Basiert das Fundament der Partnerschaft auf einer freundschaftlichen Verbundenheit, so stellt dies darüber hinaus einen Schutz vor feindseligen Gefühlen dem Partner gegenüber dar. Bei unvermeidlichen Uneinigkeiten und Krisen in der Partnerschaft zeigt sich dann, dass die positiven Gedanken und Gefühle, die die Partner füreinander hegen, von größerer Gewichtung sind als die negativen Gefühle und Einstellungen. Eine Kritik etwa oder eine Antwort eines Partners in barschem Ton wird in diesem Fall vom anderen nicht persönlich genommen oder negativ interpretiert. Hierdurch wird einem drohenden oder tatsächlichen Konflikt die Schärfe genommen. Umgekehrt müsste schon ein besonders ernster Konflikt eintreten, um die Ausgewogenheit bei einem Paar mit großer freundschaftlicher Verbundenheit zu gefährden.

Bei Paaren mit großer freundschaftlicher Verbundenheit sind darüber hinaus die sog. Rettungsversuche, die die Partner bei Auseinandersetzungen unternehmen, erfolgreich – dies im Unterschied zu Paaren, bei denen diese Basis fehlt. Ein Rettungsversuch bedeutet z. B., bei einem Streit eine versöhnliche Geste zu zeigen oder aber durch Humor einen Beitrag dazu zu leisten, dass die Negativität nicht außer Kontrolle gerät.

Aufbau von Gemeinsamkeiten und einem gemeinsamen Sinn

Glückliche Ehen verfügen über das Bewusstsein eines Wir-Gefühls. Gleichzeitig verfügt jeder Partner über intakte eigene Grenzen, wodurch er sich und den anderen als Individuum wahrnehmen und eigene Bedürfnisse und Interessen weiter pflegen kann. Mit dem Gefühl der Gemeinsamkeit übernehmen die Partner jedoch auch zunehmend Verantwortung für die Interessen und Bedürfnisse des anderen. Konkret kann dies im Alltag z. B. bedeuten, die Meinung und die Bedürfnisse des Partners bei der Planung und Umsetzung von Aktivitäten (etwa bei der Freizeitgestaltung oder dem Besuch von Freunden) zu berücksichtigen, bevor eine Entscheidung getroffen wird. Oder bei Entscheidungen über eine Anschaffung (Möbel, Auto etc.) zeigt sich ein Gefühl der Gemeinsamkeit darin, den anderen in die Überlegungen einzubeziehen, bevor man gemeinsam zu einer Lösung oder einem Kompromiss findet.

Ein anderer wichtiger Aspekt kommt noch hinzu. Glückliche Partnerschaften zeichnen sich dadurch aus, dass sich die Partner einen gemeinsamen Sinn geschaffen haben. Dabei ist es unerheblich, ob es sich um eine Kultur der Zweisamkeit handelt, die reich an Ritualen und Symbolen ist (z. B. Ritual des Weihnachtsfestes, der Begrüßung und des Abschieds, der gemeinsamen Mahlzeiten) oder sich das Paar einen Sinn für gemeinsame Lebensziele und Aufgaben geschaffen hat, die beide miteinander verbinden. Über die grundlegenden Dinge im Leben sind sich die Partner aus glükklichen Partnerschaften weitgehend einig. Dies wird als sinnstiftend und bereichernd für die Beziehung empfunden.

Die Vergangenheit abschließen

Zu dieser zentralen Aufgabe gehört, mit Beziehungen aus der Vergangenheit, insbesondere der Herkunftsfamilie, abzuschließen. Eine Partnerschaft bzw. eine Ehe besitzt erst dann eine solide Basis, wenn es beiden Partnern gelungen ist, einen angemessenen Abstand von ihrer Ursprungsfamilie als auch von früheren Beziehungen zu finden.

Was bedeutet es nun konkret, sich psychisch von der Herkunftsfamilie und früheren Partnern zu trennen und gleichzeitig eine neue Verbindung mit diesen Menschen aufzubauen? An einem Beispiel möchte ich dies verdeutlichen:

Besteht z. B. eine Spannung zwischen der Ehefrau eines Partners und ihrer Schwiegermutter – was zahlenmäßig häufiger vorkommt als Spannungen zwischen Schwiegersöhnen und Schwiegermüttern –, so neigt der Ehemann häufig dazu, beiden gegenüber loyal sein zu wollen, da er beide liebt oder Angst hat vor Harmonieverlust. Mit dieser Haltung übernimmt er nicht selten die Rolle des Vermittlers oder Friedenstifters, was die Situation noch verschlimmern kann. In diesem Fall ist es hilfreich für die Partnerschaft, wenn es dem Mann gelingt, ein Wir-Gefühl zwischen ihm und seiner Frau zu schaffen. Die Solidarität zu seiner Frau zeigt sich z. B. darin, dass er seiner Mutter mit seinem Verhalten zu verstehen gibt, dass seine Frau an erster Stelle steht und seine Familie, in der er der Ehemann ist, für ihn vor allem anderen kommt. Bei Konflikten kann er seine Frau dementsprechend gegen seine Mutter unterstützen. Da diese Position nicht selten Konflikte mit sich bringt und die Mutter des Ehemannes häufig mit verletzten Gefühlen reagiert, mag das für den Partner ein unangenehmes Kapitel sein.

Wenn es dem Paar gelingt, sich bei Konflikten gemeinsam von der Ursprungsfamilie abzugrenzen, kann eine Konsequenz darin bestehen, dass der Kontakt zur Ursprungsfamilie sich verschlechtert oder sogar eine Trennung zu dieser vollzogen wird. Tatsache ist: Viele Partnerschaften bzw. Ehen scheitern an dieser Aufgabe.

Aufbau einer befriedigenden sexuellen Beziehung

Die Aufgabe, eine liebevolle Sexualität herzustellen, gehört zu den Kernpunkten einer glücklichen Partnerschaft. Ein emotional erfüllendes Sexualleben ist keine Selbstverständlichkeit, sondern das Ergebnis eines partnerschaftlichen Entwicklungsprozesses. Soll dieser Prozess konstruktiv bewältigt werden, so ist ein hohes Maß an Geduld, Toleranz und gemeinsamer Arbeit der Partner erforderlich. Hilfreich dabei ist, wenn die Partner lernen, über ihre Unterschiedlichkeit zu kommunizieren.

So ist es nicht ungewöhnlich, dass Partner in einer dauerhaften Beziehung ganz unterschiedliche Gefühle und Wünsche haben, nicht selten auch ein ganz unterschiedliches sexuelles Verlangen. Auch über Häufigkeit und Technik der sexuellen Interaktion herrscht oft Uneinigkeit. Paare mit einer befriedigenden sexuellen Beziehung haben gelernt, die Lösung hierfür nicht in äußeren Normen und Richtlinien, sondern in erster Linie durch ihre eigene Zufriedenheit mit ihrer Form von Sexualität zu finden, die beide entwickelt haben. Sie haben gelernt, offen über ihre Empfindungen und Wünsche zu reden und dabei ihre Grenzen sowie die ihres Partners zu erkennen und zu respektieren.

Angesichts dieser umfangreichen Arbeit, die in einer dauerhaften sexuellen Beziehung geleistet werden muss, überrascht es nicht, dass wirkliche beiderseitige Befriedigung nicht selten erst nach Monaten oder Jahren einer Partnerschaft erreicht wird.

Bewältigung privater und beruflicher Krisen

Auch eine glückliche Ehe ist nicht nur von Harmonie getragen. Es haben auch Konflikte, Krisen und stürmische Zeiten ihren Platz. Meinungsverschiedenheiten wie auch Ärger dürfen geäußert werden, ohne dass schwer wiegende Konsequenzen für die Partnerschaft befürchtet werden müssen. Die Vorstellung einer konfliktfreien Partnerschaft bzw. Ehe ist eine Illusion. Nahezu alle Partner aus glücklichen Beziehungen räumen unumwunden ein, dass es Zeiten schwerer Auseinandersetzungen gab. Derartige Krisen werden in der Regel als Wendepunkte erlebt, von wo aus die Beziehung in ein neues Stadium der Entwicklung treten und der Partner realistischer eingeschätzt werden kann.

In einer Partnerschaft wandelt sich normalerweise kein Partner, ohne auf Widerstände des anderen oder bei sich selber zu stoßen. Wird die Partnerin z. B. selbstbewusster und fängt an, besser für die eigenen Bedürfnisse zu sorgen, kann dies bei ihrem Partner zu Unverständnis und Ablehnung führen. Solche Veränderungen können Probleme in der Partnerschaft nach sich ziehen.

Konflikte und Krisen des Paares lassen sich zudem leichter nachvollziehen, wenn folgendem Umstand Rechnung getragen wird: Eine fortwährende Nähe in der Partnerschaft kann Angst erzeugen und den Wunsch, davonzulaufen. In jeder Liebe kann es Momente von Ablehnung, manchmal sogar Hass geben. In jeder Sexualität ist auch Eifersucht möglich, und in jeder Bewunderung kann auch ein Körnchen Neid enthalten sein. Die Tatsache, dass diese scheinbaren Gegenpole so dicht beieinander liegen, schafft Ambivalenzen und Konflikte in der Beziehung, die bewältigt werden wollen.

Die privaten Krisen, die eine Partnerschaft zu überwinden hat, müssen nicht nur die Beziehung selbst betreffen. In eine private Krise kann auch ein Partner geraten, wenn er z. B. sein körperliches oder seelisches Gleichgewicht verliert (z. B. körperlich krank oder depressiv wird). In glücklichen Beziehungen wird dieser Partner vom anderen darin unterstützt, seine Krise zu bewältigen.

Eine glückliche Partnerschaft zeichnet sich nicht zuletzt dadurch aus, dass jeder auch die berufliche Krise des anderen mitträgt.

Übernahme der Elternrolle bei gleichzeitiger Wahrung der Partnerschaft

In einer glücklichen Ehe gelingt es den Eltern, Verantwortung für das Kind zu übernehmen und gleichzeitig die Aufmerksamkeit für die Partnerschaft zu bewahren. Dies bedeutet z. B., die Elternrolle von Zeit zu Zeit zu verlassen oder in den Hintergrund zu stellen, damit beide ihre Rolle als Partner wieder in den Vordergrund rücken können.

In einer glücklichen Ehe wird die Elternschaft geteilt. Zusätzlich unterstützen sich die Partner gegenseitig darin, die Veränderungen, die durch die Geburt des Kindes für die Ehe resultieren, zu bewältigen und als Paar zu überstehen.

Raum für Streit und Diskussionen schaffen

Ein zentraler Prüfstein glücklicher Partnerschaften besteht darin, sich einen sicheren Raum für Auseinandersetzungen zu schaffen. Hierzu gehört u. a. die Sicherheit, dass der Partner nicht gleich mit Trennung oder Scheidung droht, wenn eine Differenz zu einem handfesten Streit eskaliert. Sich in einer Auseinandersetzung abzugrenzen, Meinungsverschiedenheiten äußern und seine Aggressionen und die Wahrheit zum Ausdruck bringen zu dürfen, zählt zu den zentralen Voraussetzungen, die über das Gelingen einer Partnerschaft entscheiden. Die Regeln, wonach der Streit ausgetragen wird, müssen in jeder Beziehung höchst individuell ausgehandelt werden.

Aufbau von Gleichwertigkeit

Ebenbürtigkeit ist als zentraler Grundpfeiler einer stabilen Partnerschaft keine Selbstverständlichkeit. Vielmehr kann Ebenbürtigkeit als Prozess verstanden werden, in dem das Paar das Ziel anstreben sollte, das Gefühl der Gleichwertigkeit immer wieder aufs Neue herzustellen. Denn dieses Gefühl kann im Laufe einer Partnerschaft öfter mal ins Wanken geraten.

Vier Voraussetzungen sollte ein Paar sich erarbeiten, wenn es das Gefühl der Gleichwertigkeit aufbauen und bewahren möchte:

In der Partnerschaft sollte ein **ausgewogenes Machtverhältnis** bestehen. In einer glücklichen Partnerschaft haben sich die Partner gleich mächtig zu fühlen. Hier spielen nicht nur subjektive Empfindungen, sondern auch objektive Faktoren eine Rolle. Hilfreich ist, wenn das Paar im Auge behält, welcher Partner zu welcher Machtquelle Zugang hat. Eine Machtquelle kann z. B. der Beruf sein. Der berufstätige Partner kann ein gewisses Ansehen und damit auch Macht haben. Dem nichtberufstätigen Partner steht diese Machtquelle nicht zur Verfügung. Eine andere Machtquelle ist z. B. Geld. Kontrolliert ein Partner den Zugang zum Geld oder verfügt über mehr Geld als der andere, dann kann er den anderen in einem entscheidenden Punkt von sich abhängig machen. Je nachdem, wie mit solchen und anderen Machtressourcen umgegangen wird, entsteht eine gleichwertige oder aber eine unausgewogene Machtverteilung. Fühlt sich einer der Partner unterlegen, kommt es in der Regel zu Machtkämpfen. Diese können auch versteckt ablaufen. Bei solchen Kämpfen gibt es immer Sieger und Verlierer. In der Regel verlieren dabei jedoch beide Partner.

Soll die Partnerschaft funktionieren, so erweist sich weiterhin ein **ausgewogenes Wechselspiel zwischen Geben und Nehmen** als hilfreich: Die Partner können sich nur dann ebenbürtig fühlen, wenn beide Seiten gleich viel geben und nehmen. Selbstverständlich gibt es Phasen, wie z. B. Krisen, in denen zwangsläufig einer mehr geben muss als der andere. Geben und Nehmen sollten sich langfristig jedoch die Waage halten. Ansonsten droht den Partnern ein Gefälle. Derjenige, der überwiegend gibt, fühlt sich unter Umständen früher oder später ausgenutzt; der andere, der nur noch nimmt, kann schließlich ein schlechtes Gewissen entwickeln.

Darüber hinaus sollte ein **ausgewogenes Verhältnis von Autonomie und Bindung** in der Partnerschaft bestehen. Autonomie bedeutet dabei das Bedürfnis nach Selbständigkeit und Selbstbestimmung. Dieses Bedürfnis kollidiert in einer Partnerschaft nicht selten mit dem Bedürfnis nach Bindung. Letzteres erfordert ein Sich-Einlassen auf die Zweisamkeit und beinhaltet das Bedürfnis nach Zugehörigkeit. In einer Beziehung ist es nicht einfach, diese beiden Bestrebungen zu vereinen. Erst recht nicht, wenn aus dem Paar eine Familie wird. Denn dann besteht die Gefahr, dass eines der beiden Bedürfnisse in den Hintergrund gerückt wird. Eine besondere Herausforderung besteht daher für die Partner darin, diese beiden Bedürfnisse immer wieder aufs Neue auszubalancieren.

Und schließlich ist es für eine gleichwertige Partnerschaft erforderlich, dass es **keine „unerledigten" Verletzungen** gibt. Missverständnisse, Kränkungen und Verletzungen sind ein unvermeidbarer Bestandteil intimer Beziehungen. Kann ein Paar mit solchen Verletzungen nicht umgehen, d. h. sie nicht abarbeiten, so schwelen diese Verletzungen häufig weiter. Nicht selten wirkt eine unverarbeitete Verletzung über Jahre hinweg fort.
Wenn z. B. ein Ehemann seine Frau krass beleidigt oder geschlagen hat, ist er in der Rolle des „Täters", die Partnerin verharrt möglicherweise über einen längeren Zeitraum in der Rolle des „Opfers". Das „Opfer" kann sich dabei z. B. moralisch überlegen fühlen, der „Täter" minderwertig und schuldig. Hierdurch entsteht ein Gefälle zwischen den Partnern. Um die Gleichwertigkeit in der Partnerschaft wiederherzustellen, sollte das Problem bearbeitet werden, damit der Schmerz früher oder später ausheilen kann.

Gemeinsam lachen

Die eingangs erwähnten Untersuchungsergebnisse unterstreichen die wichtige Rolle von Humor in glücklichen Partnerschaften. Das Teilen von Humor ist dabei von Beziehung zu Beziehung etwas ganz Spezifisches. Entscheidend ist, dass das gemeinsame Schmunzeln oder Lachen über alltägliche Dinge oder eigene Verhaltensweisen – eben die Dinge, denen man etwas Komisches abzugewinnen vermag – nicht nur eine Bereicherung für eine intakte Partnerschaft darstellt. Es hilft auch, sich vor Langeweile zu schützen. Der letzte Aspekt, nämlich Langeweile zu vermeiden, wird von glücklichen Partnern dadurch gewährleistet, dass die Partner sich interessant finden, die gemeinsame Zeit miteinander genießen und außerhalb der gemeinsamen Interessen auch eigenen privaten bzw. beruflichen Aktivitäten nachgehen.

Raum für Geborgenheit

In einer glücklichen Ehe darf jeder sich mit seinen Verletzlichkeiten zeigen und wird damit aufgefangen. Egal ob Trauer, Abhängigkeit, Versagen oder Ängste bestehen – in einer guten Partnerschaft wird der Verletzliche durch den Halt und die Geborgenheit des anderen gestützt, um sich so den Anforderungen des Alltags wieder zu stellen. Eine entscheidende Voraussetzung für diese Aufgabe des Paares ist eine Atmosphäre, in der beide Partner sich sicher fühlen, ehrlich über ihre Gedanken und Gefühle zu sprechen. Ein respektvoller und offener Umgang miteinander ist hierfür unentbehrlich.

Balance finden zwischen Idealisierung und Realität

Auf dem Prüfstand für eine glückliche Partnerschaft steht hier die Fähigkeit der Partner, eine Position bei der Gratwanderung zwischen den beiden Polen „Idealisierung" und „realistische Einschätzung" des anderen zu finden. Dass diese Fähigkeit nicht nur für das Glück der Beziehung, sondern auch und erst einmal für das psychische Wohlergehen des Einzelnen von Bedeutung ist, liegt klar auf der Hand. Bleibt der Partner im Extremfall bei einer idealisierten und verklärten Sicht des anderen, bei der selbst grobe Missstände ausgeblendet werden, so droht ihm bei entsprechender Tabuisierung, Vermeiden von Streit und unterdrückten Gefühlen, dass er selber krank und die Beziehung zu einer problematischen Verstrickung wird. Neigt der Partner hingegen zu dem anderen Extrem, nämlich den anderen ausschließlich abgeklärt, ernüchtert und realistisch wahrzunehmen, droht der Glanz der Beziehung zu verblassen, und eine Leere in der Partnerschaft tritt ein.

Zwischen diesen beiden Polen liegt das, was auch in den besten Ehen unvermeidlich ist; dass nämlich Enttäuschungen sich bis zu einem gewissen Grad einstellen, wenn der Beziehungsalltag nach der Phase anfänglicher Verliebtheit Einkehr hält. Dann müssen tatsächlich hoch gesteckte Erwartungen zurückgeschraubt und einige Idealisierungen aufgegeben werden. Gelingt es dem Paar jedoch, die gesunde Mitte zwischen diesen Polen zu finden, im grauen Alltag das Bild des anderen anzuschauen und sich ein Stück des anfänglichen Entzücktseins dabei zurückzuholen, so kann der Partner in einem anderen Licht gesehen und die Beziehung wieder lebendiger werden.

Das Gelingen einer Partnerschaft hängt also im Wesentlichen ab von der Bereitschaft und Fähigkeit des Paares, sich den beschriebenen Prüfungen zu stellen und sie auch zu bestehen. Der Wandel der Aufgaben angesichts ständiger Veränderungen macht die glückliche Beziehung zu einer zwar niemals abgeschlossenen, aber reich entlohnten Arbeit. Er lässt einen emotional erfüllenden und lebendigen Bund, „bis dass der Tod euch scheidet", erst möglich werden.

Zusammenfassung

Eine glückliche Partnerschaft ist keine Frage des Zufalls. Vielmehr erfordert sie eine Menge Arbeit und Geduld. Zu den zentralen Aufgaben, die zu bewältigen sind, zählen:

1. *Das Fundament: tiefe freundschaftliche Verbundenheit:*
   In glücklichen Partnerschaften zeigt ein Partner dem anderen vor allem in den kleinen Momenten des Alltags Respekt und Zuneigung sowie Freude an der Gemeinschaft mit ihm.
2. *Aufbau von Gemeinsamkeiten und einem gemeinsamen Sinn:*
   Mit dem Entwickeln eines Wir-Gefühls in der Partnerschaft übernehmen beide Partner zunehmend Verantwortung auch für die Bedürfnisse und Gefühle des anderen. Gemeinsamkeit zeigt sich z. B. darin, dass die Partner gemeinsam diversen Interessen und Ritualen nachgehen und sie sich wechselseitig in Entscheidungsprozesse einbeziehen.
3. *Die Vergangenheit abschließen:*
   Wenn die Partnerschaft glücklich werden soll, ist eine Abgrenzung zu

früheren Beziehungen sowie zur Ursprungsfamilie erforderlich. Dies kann z. B. bedeuten, seinen Partner gegen Personen aus der eigenen Ursprungsfamilie solidarisch zu unterstützen und dabei Konflikte oder eine Trennung zu riskieren.

4. *Aufbau einer befriedigenden sexuellen Beziehung:*
   Partner in glücklichen Beziehungen lernen, in Form eines Entwicklungsprozesses mit ihren unterschiedlichen sexuellen Bedürfnissen, Vorstellungen und Grenzen umzugehen und darüber zu kommunizieren.
5. *Bewältigung privater und beruflicher Krisen:*
   In einer gesunden Beziehung haben auch Partnerkonflikte und Krisen ihren Platz. Jeder trägt die privaten und beruflichen Probleme des anderen mit.
6. *Übernahme der Elternrolle bei gleichzeitiger Wahrung der Partnerschaft:*
   Diese Aufgabe erfordert von den Partnern, ihre Elternrolle von ihrer Rolle als Partner von Zeit zu Zeit zu trennen, um der Beziehung wieder Aufmerksamkeit zu schenken.
7. *Raum für Streit und Diskussionen schaffen:*
   Wenn die Partnerschaft gelingen soll, benötigt sie einen sicheren Raum für Auseinandersetzungen.
8. *Aufbau von Gleichwertigkeit:*
   Ebenbürtigkeit kann in glücklichen Partnerschaften am ehesten durch ein ausgewogenes Machtverhältnis sowie ein ausgeglichenes Wechselspiel zwischen Geben und Nehmen gewährleistet werden. Hilfreich für die Gleichwertigkeit der Partner ist ferner ein ausgewogenes Verhältnis von Autonomie und Bindung sowie gemeinsame Bemühungen der Partner dahingehend, dass es keine „unerledigten" Verletzungen gibt, die weiterschwelen könnten.
9. *Gemeinsam lachen:*
   Verfügen die Partner über Humor, so hat die Partnerschaft eine gute Basis, interessant und lebendig zu bleiben.
10. *Raum für Geborgenheit:*
    In einer guten Partnerschaft dürfen sich die Partner verletzlich zeigen. Sie werden durch den Halt des anderen gestützt.
11. *Balance finden zwischen Idealisierung und Realität:*
    In einer dauerhaften Beziehung stellt sich die Aufgabe, den Partner nicht allzu verklärt, aber auch nicht allzu ernüchtert zu sehen. Partner, die eine angemessene Position bei der Gratwanderung zwischen diesen beiden Polen finden, haben eine gute Basis für das Gelingen ihrer Beziehung.

Wie unterscheiden sich zufriedene von unzufriedenen Paaren?

Lassen Sie uns nun einen Schritt weitergehen, um die Ausführungen zu den Prüfsteinen einer glücklichen Partnerschaft um weitere Aspekte zu ergänzen. In verschiedenen Studien an Paaren hat man sich der Frage gewidmet, worin sich zufriedene von unzufriedenen Paaren unterscheiden. Die gefundenen Unterschiede beziehen sich auf verschiedene Ebenen, die ich Ihnen nachfolgend vorstellen möchte.

Auf der Ebene der **Gedanken und Vorstellungen (Kognitionen) sowie der Kommunikation** finden sich folgende typische Merkmale:

- Zufriedene Partner erkennen und schätzen gut gemeinte Äußerungen und Verhaltensweisen ihres Partners. Unzufriedene Partner übersehen oft oder missdeuten derartige Verhaltensweisen.
  Ein Beispiel zur Verdeutlichung: Ein Ehemann erklärt seiner Frau, die sich anschickt, die Wäsche zu waschen: „Die Bluse, die du in der Hand hältst, darf nicht in der Maschine gewaschen werden – die musst du reinigen lassen!" Die Partnerin wird, sofern sie in einer glücklichen Ehe lebt, den Hinweis als guten Rat wertschätzen und sich bei ihrem Mann bedanken. Sie wird ihren Partner vielleicht fragen, ob eine Verkäuferin ihm diesen Hinweis gab, und ihm dadurch zu verstehen geben, dass sie seine Mitteilung ernst nimmt. Die Partnerin, die in einer unbefriedigenden Partnerschaft lebt, wird den Ratschlag eher persönlich nehmen und gekränkt bzw. vorwurfsvoll reagieren: „Willst du mir etwa Vorschriften machen? Wer ist hier zuständig für den Haushalt und die Wäsche – ich oder du? Traust du mir nicht zu, die Anleitung gelesen zu haben?"
  In zufriedenen Partnerschaften ist die positive Gefühlsbilanz so gewichtig, dass sie gewissermaßen einen Schutzschild für die beiden Partner bildet. Dies wirkt sich in dem Fall, in dem ein Partner tatsächlich eine negative Äußerung macht (etwa „Komm her, lass mich das machen, dass kannst du nicht!"), so aus, dass der andere Partner dies entweder nicht gleich als negativ erkennt und bewertet bzw. relativ gelassen hierauf reagiert. Unzufriedene Partner erkennen und überinterpretieren dagegen sofort, wenn der andere tatsächlich etwas negativ gemeint hat. Dieses Merkmal ist vermutlich dafür mitverantwortlich, dass in belasteten Partnerschaften mehr negative Gefühle zurückgegeben werden als positive. Unzufriedene Part-

ner haben insgesamt gesehen die Tendenz, beim anderen alles in zunehmendem Maße negativ zu interpretieren.

- Partner aus zufriedenen Beziehungen sind flexibel in der Art und Weise, wie sie das Verhalten des anderen interpretieren. Dagegen werden unzufriedene Partner unflexibel in der Art, das Verhalten des anderen zu bewerten.
  Flexibel heißt, bei der Bewertung des Verhaltens des anderen verschiedene Betrachtungsweisen und Möglichkeiten zuzulassen und zu überdenken. Eine unflexible Art der Bewertung des Verhaltens bedeutet, dass dieses tendenziell immer wieder durch die gleiche Schablone betrachtet und beurteilt wird.
  Dazu ein Beispiel: In einer langjährigen Ehe besteht das Ritual, dass jedes Jahr der Hochzeitstag abwechselnd von einem Partner vorbereitet und gestaltet wird. Anlässlich des aktuellen Hochzeitstages, den in diesem Jahr der Ehemann gestalten müsste, stellt sich heraus, dass er diesen wichtigen Tag vollständig vergessen hat. In einer glücklichen Partnerschaft wird die Frau z. B. denken: „Nun, das ist bedauerlich, aber das ist ihm erstmalig passiert. Er hat in den letzten Wochen so viel Stress gehabt, dass er mal etwas mehr Schlaf braucht. Ich werde sehen, was ich tun kann, um selber kurzfristig etwas Schönes für uns zu planen." Sie wird seinen Fehler also eher als Ausnahme und durch eine besondere Situation bedingt betrachten.
  Eine unzufriedene Partnerin wird anlässlich solch eines Vorfalls Gedanken haben wie: „Selbst an derartig wichtige Dinge denkt er nicht mehr. Offensichtlich scheint ihm an mir nichts mehr zu liegen. Er kreist immer nur um sich und ist absolut unzuverlässig." Das letzte Beispiel dokumentiert ein weiteres Merkmal, worin sich zufriedene von unzufriedenen Partnern unterscheiden:
  Zufriedene Paare führen Fehler ihres Partners in erster Linie auf äußere Umstände zurück und nicht auf seine Person. Dabei wird berücksichtigt, dass der konkrete Fehler in einer bestimmten Situation und zu einem bestimmten Zeitpunkt auftrat. Damit ist die Einstellung verbunden, dass der andere sein Verhalten grundsätzlich verändern kann. Weniger zufriedene Partner betrachten das negative Verhalten des anderen als ein stabiles und umfassendes Merkmal, das sich nicht verändern lässt („Er kreist immer nur um sich"). Außerdem beziehen sie das negative Verhalten des anderen auf sich selbst („Er scheint mir nicht viel zuzutrauen").

- Partner in zufriedenen Beziehungen bewerten die Absichten und Gefühle des anderen positiv oder neutral. Unzufriedene Partner neigen nicht nur

dazu, das Verhalten des anderen unflexibel, sondern auch dessen Gefühle und Absichten falsch zu interpretieren.
Beispiel: Ein Ehemann übernimmt ohne Aufforderung seiner Frau (die als Hausfrau tätig ist) an einem Wochenende ungewöhnlich viel Aufgaben im Haushalt. Er fragt, was er einkaufen soll, saugt, erledigt die Wäsche etc. In einer glücklichen Partnerschaft bewertet die Frau den Einsatz des Mannes als Zeichen dafür, dass er bemerkt hat, dass sie sich in der letzten Zeit mit dem Haushalt überfordert fühlte. Sie wird ihm ihre Freude über sein Verhalten mitteilen. In einer unglücklichen Beziehung hingegen wird dasselbe Verhalten des Mannes von der Frau. so aufgefasst: „Bestimmt will er irgendwas von mir."

- Zufriedene Partner zeigen Freude und Wertschätzung über die positiven Seiten ihrer Beziehung. Ebenso bewahren sie positive Erinnerungen an die Beziehung im Gedächtnis. Sie tauschen sich über schöne Geschichten in ihrer Partnerschaft aus. Auf die erste gemeinsame Zeit schauen die Partner in einer glücklichen Beziehung mit guten Gefühlen zurück. Selbst wenn sie über schwierige Zeiten sprechen, werden sie wertschätzen, was sie durchgemacht und geleistet haben.
  Weniger zufriedene Paare verlieren den Blick und die Rückmeldung für die positiven Seiten ihrer Beziehung. Was die Erinnerungen an die gemeinsame Vergangenheit anbelangt, so wird von unglücklichen Partnern eher ein negatives Bild beschrieben.

- Zufriedene Paare können auch einer Auseinandersetzung noch positive Seiten abgewinnen („Es hat etwas gebracht!"). Weniger glückliche Partner haben häufig negative Erwartungen an Streit- bzw. Konfliktgespräche, aber auch an die Interaktion im Allgemeinen. Daher neigen sie dazu, Gesprächen und Auseinandersetzungen aus dem Weg zu gehen. Das bloße Vorkommen von Streitgesprächen oder die Häufigkeit von Konflikten sagt daher noch nicht viel darüber aus, ob die Partnerschaft wirklich ernsthaft belastet ist.

Auch auf einer anderen Ebene, der **Verhaltensebene,** finden sich weitere typische Merkmale, in denen sich zufriedene von unzufriedenen Paaren unterscheiden:

- Zufriedene Partner teilen Gemeinsamkeiten und suchen die Nähe ihres Partners. In unzufriedenen Partnerschaften betonen die Partner dagegen häufig ihre Freiheit und meiden die Nähe des anderen. Es findet nicht selten ein Rückzug der Partner statt.

- In glücklichen Beziehungen stimmen wichtige Lebensziele und Überzeugungen der Partner häufig überein. Außerdem beziehen zufriedene Partner – wie schon an anderer Stelle erwähnt – die Interessen und Bedürfnisse des anderen in ihre Entscheidungen ein. In belasteten Partnerschaften entwickeln die Partner häufig Ziele und Bedürfnisse, die denen des anderen eher zuwiderlaufen.
  Etwa: Ein Ehepaar war sich bislang darin einig, dass beide sich treu bleiben. Der Ehemann trägt nun ganz andere, für seine Frau völlig fremdartige Vorstellungen und Bedürfnisse an diese heran. Dabei betont er, sich auch eine „offene Beziehung" vorstellen zu können, und äußert den Wunsch, zusammen mit seiner Frau Clubs und Bars besuchen zu wollen.
  Darüber hinaus beziehen Partner in unglücklichen Beziehungen die Bedürfnisse des anderen häufig weniger in ihre eigenen Entscheidungen ein. Dadurch kommt es oft zu einsamen Entscheidungen und geheimen Plänen.

- In zufriedenen Partnerschaften folgt auf ein negatives Verhalten eines Partners häufig ein neutrales Verhalten des anderen. Weniger zufriedene Partner neigen dazu, ein negatives Verhalten des Partners mit großer Regelmäßigkeit zu vergelten.
  Dazu ein Beispiel: Ein Ehepaar trifft sich mit einer Arbeitskollegin der Frau zum Essen. Beim Verlassen des Restaurants hilft der Ehemann nur der Kollegin in den Mantel, nicht aber seiner Frau. In einer glücklichen Partnerschaft wird die Ehefrau hierüber schmunzeln oder mit einem Scherz sogar humorvoll mit der Situation umgehen. Sie wird das Verhalten des Mannes als Höflichkeit der Kollegin gegenüber bewerten und seine Unaufmerksamkeit ihr gegenüber nicht auf sich beziehen, da sie sich seiner Liebe sicher ist. Möglicherweise teilt sie ihm später ruhig ihre Kritik über seine Unachtsamkeit mit. In einer unzufriedenen Partnerschaft äußert die gekränkte Ehefrau in Gegenwart der Kollegin den bissigen Kommentar: „Du hast wohl nur Augen für andere." Sie straft ihren Mann im Anschluss an diese Situation mit Rückzug und Schweigen.

- Glückliche Partner fühlen sich durch eine ausreichende positive emotionale Basis für negative Erfahrungen genügend entschädigt. Unzufriedene Partner fühlen sich durch zu wenig Positives in der Partnerschaft für negative Erfahrungen nicht entschädigt.

Ein Beispiel soll dies veranschaulichen: In einer seit 10 Jahren bestehenden Partnerschaft verändert sich nach einem Stellenwechsel des Mannes sein Verhalten der Partnerin gegenüber. Er ist mit seiner Arbeit so beschäftigt, dass er kaum noch Zeit und Aufmerksamkeit für seine Lebensgefährtin hat. Er ist seit Wochen so zerstreut, dass er ihr weder liebevolle Beachtung noch körperliche Zuwendung schenkt. In einer glücklichen Partnerschaft bleibt die Partnerin gelassen, da sie sich aufgrund seiner bislang konstanten Zuneigung und seiner Liebesbeweise der Beziehung sicher ist. Sie erinnert sich daran, wie er sie in Krisenzeiten unterstützte und ihr in zahlreichen kleinen Momenten des Alltags Zuwendung und Bestätigung zuteil werden ließ. Die Partnerschaft verfügt über genügend Substanz, so dass die Partnerin sich nicht beklagt, sondern ihren Partner in seiner Umbruchsituation nach Kräften noch unterstützt. In einer unglücklichen Beziehung, in der eine solche Basis fehlt, wiegt eine derartige negative Erfahrung für die Frau umso schwerer. Das Verhalten Ihres Partners kann vor diesem Hintergrund sogar das sog. i-Tüpfelchen sein, um die Beziehung in Frage zu stellen.

Zufriedene Paare geben durch die oben beschriebenen Merkmale eine Richtung vor, die ein Paar einschlagen kann, wenn es sich von einem festgefahrenen Zustand hin zu einer Lösung (Ziel) bewegen möchte. Sofern Sie in einer Partnerschaft leben, können Sie anhand der Merkmale zufriedener Paare prüfen, inwieweit Sie Ihre Beziehung ggf. verändern möchten.

Zusammenfassung

Zufriedene Paare unterscheiden sich von unzufriedenen Paaren in einigen zentralen Merkmalen.

Auf der Ebene der **Kommunikation und Gedanken** finden sich folgende Unterschiede:

1. Gut gemeinte Verhaltensweisen und Aussagen ihres Partners werden von zufriedenen Partnern als solche erkannt und geschätzt. Unzufriedene Partner missdeuten solche Reaktionen häufig, so dass es zu Fehlinterpretationen und Unterstellungen kommt.
2. Bei der Bewertung des Verhaltens ihres Partners sind zufriedene Partner flexibel. Bei einem Fehlverhalten des anderen verurteilen sie ihn nicht

pauschal, sondern beziehen bei ihrer Bewertung seines Verhaltens äußere Umstände mit ein. Weniger zufriedene Partner neigen dazu, vom negativen Verhalten des anderen global auf seine Person zu schließen, das damit als stabil und nicht veränderbar wahrgenommen wird. Unzufriedene Partner neigen außerdem dazu, das Fehlverhalten des anderen auf sich zu beziehen.

3. Zufriedene Partner bewerten die Gefühle und Absichten des anderen neutral oder positiv. Unzufriedene Partner tendieren zu Fehlinterpretationen der Absichten und Gefühle des anderen.
4. In einer zufriedenen Partnerschaft bewahren die Partner positive Erinnerungen und schöne Geschichten im Gedächtnis. Unzufriedene Partner neigen dazu, die gemeinsame Geschichte in eine negative umzuschreiben.
5. Bei Auseinandersetzungen gelingt es zufriedenen Partnern, diesen einen Sinn bzw. positive Seiten abzugewinnen. Unzufriedene Partner gehen Konfliktgesprächen eher aus dem Weg. Sie haben eine negative Erwartungshaltung an Streitgespräche.

Auf der **Verhaltensebene** zeigen sich folgende Unterscheidungsmerkmale:

1. Zufriedene Partner suchen die Nähe des anderen und teilen Gemeinsamkeiten mit ihm. In unzufriedenen Partnerschaften wird die Nähe des anderen gemieden. Die Partner betonen hier häufig ihre Freiheit.
2. Die wesentlichen Überzeugungen und Lebensziele stimmen bei zufriedenen Partnern häufig überein. Darüber hinaus beziehen zufriedene Partner die Interessen des anderen in ihre Entscheidungen ein. In unglücklichen Beziehungen entwickeln die Partner häufig Interessen und Bedürfnisse, die denen des anderen zuwiderlaufen. Hier kommt es häufig zu einsamen Entscheidungen und geheimen Plänen.
3. Auf ein Fehlverhalten eines Partners erfolgt in zufriedenen Partnerschaften häufig ein neutrales Verhalten des anderen. Unzufriedene Partner neigen dagegen dazu, ein negatives Verhalten des anderen zu vergelten.
4. Zufriedene Partner fühlen sich in ihrer Beziehung durch eine positive emotionale Basis für negative Erlebnisse ausreichend entschädigt. Unzufriedene Partner fühlen sich durch zu wenig Positives in der Partnerschaft für negative Erfahrungen nicht entschädigt.

Partnerkonflikte: Ein Blick auf zentrale Problembereiche

Im Folgenden sollen konkrete Partnerkonflikte vorgestellt und genauer untersucht werden. Diese Konflikte können eine Beziehung überschatten und die Partner in eine Sackgasse führen.

Häufig entsprechen die Klagen der Partner den tatsächlichen Problemen (z. B. wenn eine Ehefrau sich beklagt, dass ihr Mann zu wenig Zeit für sie habe, und dieser tatsächlich zu viel arbeitet). Vielen Konflikten liegen jedoch tiefere, verborgene Themen zugrunde. Diese können „Zündstoff" für die vorgebrachten Klagen und eher oberflächlichen Konflikte bieten und diese eskalieren lassen. Diese tieferen Konflikte, die einem Paar nicht unbedingt bewusst sein müssen, können also unterschwellig von destruktiver Wirkung sein. Wie Sie später noch sehen werden, ist es daher wichtig, diese verborgenen Themen und Konflikte an die Oberfläche zu holen und zu lösen.

Partnerkonflikte setzen sich meistens aus mehreren Komponenten zusammen. Wir haben es in aller Regel mit verschiedenen Problembereichen zu tun. Im Folgenden sollen diese auch als Störfaktoren bezeichnet werden.

Diese können so zerstörerisch sein, dass sie manchmal gesundheitliche Schäden für die Partner zur Folge haben. Was genau ist damit gemeint?

Kommunikations- und Interaktionsstörungen in nahen menschlichen Beziehungen wie Ehe und Partnerschaft können nachgewiesenermaßen zu erheblichen Beeinträchtigungen der leib-seelischen Gesundheit und des subjektiven Wohlbefindens führen.

Die gesundheitlichen Folgen gestörter Partnerinteraktion können sich auf verschiedenen Ebenen zeigen. Wird ein Partnerkonflikt mit den dem Paar zur Verfügung stehenden Mitteln (und Regeln) nicht gelöst, so können psychische Beschwerden und psychosomatische Erkrankungen auftreten. Auf psychischer Ebene kommt es dann häufig zu Ängsten, Depressionen, Essstörungen, Herzneurosen und Schlafstörungen. Auf körperlicher Ebene finden sich oft Kopfschmerzen und Migräne, Magen- und Zwölffingerdarmgeschwüre, Asthma bronchiale, Ekzeme, Neurodermitis, chronische Polyarthritis, Bluthochdruck, Colitis ulcerosa und Verstopfung. Diese Beschwerden werden als psychosomatisch bezeichnet. Nicht selten hat das auftretende Symptom die Funktion, das Gleichgewicht in der Beziehung wiederherzustellen und den Konflikt zu neutralisieren und auf eine andere

Ebene zu bringen. Diese Ebene ermöglicht dem Paar, den eigentlichen Konflikt zu umgehen und ein neues (Schein-)Gleichgewicht in der Beziehung herzustellen:

Nehmen wir z. B. an, ein Partner hat dem anderen eine tiefe Kränkung zugefügt, indem er ihn vor gemeinsamen Freunden als „Versager" bezeichnet. Nehmen wir weiter an, beide Partner können sich über den entstandenen Schmerz nicht auseinander setzen. Wenn die Verletzung nicht ausheilen kann, entsteht ein Gefälle, d. h. ein Ungleichgewicht in der Partnerschaft. Der verdrängte Groll und Schmerz kann bei dem Gekränkten als Symptom seinen Ausdruck finden (z. B. in Form von Migräne und Bluthochdruck). Bemüht sich nun der Partner, der die Kränkung ausgelöst hat, um Rücksichtnahme und Pflege dem Kranken gegenüber, so entsteht ein neues Gleichgewicht in der Partnerschaft. Der zugrunde liegende Konflikt kann durch die Konzentration auf die körperlichen Beschwerden des Kranken und dessen Pflege umgangen und neutralisiert werden.

Durch das Symptom werden die Partner einerseits besser voneinander abgegrenzt, andererseits aber auch stärker aneinander gebunden. Nicht selten ist es nur noch das Symptom (die Krankheit), was die Partner zusammenhält.

Durch die Krankheit gewinnt das Paar vor allem Distanz zu dem ungelösten Konflikt. Andererseits ist es für die Partner weniger bedrohlich, über das Symptom miteinander zu kommunizieren als sich über den zugrunde liegenden Konflikt auseinander zu setzen. Die Spielregeln der Partnerschaft lassen nur diese Form von Kommunikation zu. Wichtig ist dabei, dass beide Partner von dem Symptom profitieren, indem keine Ansprüche und Konflikte drohen, die über die Pflege und Rücksichtnahme des Kranken hinausgehen.

In der Therapie geht es dementsprechend darum, dem Paar dabei zu helfen, den eigentlichen, verdeckten Konflikt in direkter Form auszutragen und damit das (psychosomatische) Symptom überflüssig zu machen. Nicht selten erhöht sich die Spannung in der Partnerschaft, wenn das Krankheitssymptom fallen gelassen wird. Häufig kommt es dann sogar zu einer umgekehrten Rollenverteilung, indem der vorher „gesunde" Partner jetzt krank wird.

Lassen Sie uns nun den Blick auf zentrale Störfaktoren richten, die Konflikte und Krisen in der Partnerschaft sowie gesundheitliche Probleme hervorrufen können. Einige dieser Probleme werden durch Beispiele veranschaulicht. Dabei soll die Frage berücksichtigt werden, welche Rolle die jeweiligen Störfaktoren für einen aktuellen Beziehungskonflikt spielen. Beim Lesen der einzelnen Störquellen berücksichtigen Sie bitte, dass die einzelnen Faktoren in komplexer Wechselwirkung zusammenhängen und miteinander vernetzt sind (so finden sich z. B. in coabhängigen Verstrickungen häufig gestörte Kommunikationsmuster). In einer Beziehungskrise kann jede dieser Ebenen beeinträchtigt bzw. betroffen sein. In Selbsthilfeansätzen bzw. in einer Paartherapie stellen sie mit unterschiedlichem Schwerpunkt Ansatzpunkte für Veränderungen dar.

Sollte Ihre eigene Partnerschaft gerade von einem Konflikt überschattet sein, so können Sie durch die Erläuterungen der verschiedenen Störquellen Ausschau halten nach möglichen Parallelen und Erklärungen. Fragen Sie sich: Wo stehe ich, wo stehen wir? und: Wo finde ich mich bzw. meinen Partner wieder? Im zweiten Teil dieses Buches werden Sie Anregungen zum Umgang mit solchen Störfaktoren finden.

Die Ebene der Kommunikation

Eine entscheidende Basis für eine Partnerschaft ist die Art der Kommunikation der Partner.

Soll eine Partnerschaft gelingen, ist mehr erforderlich als der Austausch von Informationen. Solche sog. funktionelle Information ist sicher wichtig, reicht aber für eine Beziehung nicht aus.

Beispiele für funktionelle Informationen sind: „Ich habe deine Post dorthin gelegt" oder „Ich habe morgen einen Zahnarzttermin".

Eine Partnerschaft erfordert Intimität und Nähe, was wiederum Einfühlung voraussetzt. Damit sind andere Formen der Kommunikation notwendig als rein funktionelle Kommunikation.

Einfühlung zeigt sich zum einen durch einfühlendes Verständnis. Dies meint, dem anderen zuzuhören und ihn zu verstehen (z. B. „Ich kann mir gut vorstellen, wie du dich da gefühlt hast" oder „Ich verstehe"). Zum anderen zeigt sich Einfühlung in der Bereitschaft, sich selber mitzuteilen und dadurch den anderen teilhaben zu lassen (z. B. „Was hältst du davon, ...?" oder „Ich muss dir unbedingt erzählen, was geschehen ist ...").

Untersuchungen zufolge fördert eine klare Kommunikation, die ein wechselseitiges Verstehen, Nähe und Sicheinfühlen ermöglicht, eine stabile Beziehung und den konstruktiven Umgang mit Konflikten.

Aber es gibt auch zentrale Merkmale, die eine konstruktive Auseinandersetzung blockieren und Konflikte heraufbeschwören oder gar eskalieren lassen. Diese möchte ich Ihnen nun vorstellen:

„Sich entziehen"

Ist ein Partner nicht bereit oder in der Lage, dem anderen zuzuhören und ihn auf einfühlsame Weise zu unterstützen, und weigert er sich, sich dem anderen mitzuteilen, so ist eine grundlegende Voraussetzung für die Beziehung nicht gegeben. Dieses Merkmal wird bezeichnet als „sich entziehen". Der Partner entscheidet sich dabei, seine Gefühle, Gedanken und Vorstellungen für sich zu behalten. Er wird so wenig wie möglich von sich preisgeben, ist schweigsam und unnahbar.

In einer Partnerschaft kann sich ein Partner unter Umständen jahrelang weigern, auf den anderen einzugehen oder ihn mit einzubeziehen.

Pauschale Kritik

Dies bedeutet, dass eine berechtigte Beschwerde nicht an einer konkreten Situation und am Verhalten des anderen festgemacht wird. Stattdessen pauschalisiert und verallgemeinert der Partner, etwa: „Du hörst mir nie zu!" oder: „Warum denkst du immer zuerst an dich?"

Destruktive Beschuldigungen durch Übertragung

In diesem Fall übernimmt der Partner nicht die Verantwortung für seine eigenen Gedanken und Gefühle, sondern er gibt dem anderen die Verantwortung dafür. Der andere wird in der Du-Form angeklagt.

Dieses Phänomen nennt man auch „Übertragung" (Projektion): Menschen neigen dazu, Dinge bei anderen wahrzunehmen, mit denen sie sich selber nicht auseinander setzen und für die sie keine Verantwortung übernehmen wollen. Diese Dinge werden dann sehr oft auf den Partner übertragen. Die Auswirkungen auf die Partnerschaft können in hohem Maße zerstörerisch sein. Dazu ein Beispiel:

Beate wünscht sich, ihren Partner Rolf regelmäßig an den Wochenenden zu sehen. Dieser wiederum möchte die Wochenenden häufig allein verbringen. Beate hat das Bedürfnis nach mehr Nähe. Rolf wünscht sich seine alte Freiheit zurück. Anlässlich der wiederholten Wünsche von Beate nach mehr Nähe und mehr gemeinsamen Aktivitäten an den Wochenenden wirft Rolf ihr schließlich vor: „Du engst mich ein!"

Ein weiteres Beispiel für Projektion und deren Auswirkungen auf die Partnerschaft:

Bernd, der jetzt in einer dritten festen Beziehung lebt, fühlte sich in sämtlichen Partnerschaften minderwertig und eifersüchtig (ohne entsprechenden Anlass). Statt selber Verantwortung für diese Gefühle und deren Ursachen zu übernehmen, wiederholt er in sämtlichen Beziehungen das Muster der Projektion: So unterstellt er auch seiner jetzigen Freundin Annette, andere Männer attraktiv zu finden, boykottiert ihre Verabredungen mit ihren Freundinnen aus der Angst heraus, dass sie sich in Wirklichkeit mit einem anderen Mann treffen und fremdgehen könnte. Zuletzt kontrolliert er sie auf Schritt und Tritt.

Verachtung:

Verachtung bedeutet Ablehnung des Partners in krassester Form und ist Gift für eine Beziehung. Sie hat das Ziel, den anderen zu erniedrigen. Verachtung kann sich direkt ausdrücken (z. B. „Du bist eine Niete!") oder eher versteckt, so z. B.

bei der Frau, die ihrem Mann dabei zuschaut, wie er sich zum ersten Mal anschickt, die Küche zu wischen. Spöttisch kommentiert sie seine Bemühungen mit den Worten: „Glaubst du wirklich, dass du dazu in der Lage bist?"

Ironie, Spott, Sarkasmus, Zynismus und viele sog. Scherze sind Ausdrucksformen von Verachtung. Gleichzeitig ist in ihnen ein mehr oder weniger großes Potenzial an Aggressionen verborgen.

Ausbleiben eines notwendigen, klärenden Streites

Eine notwendige Auseinandersetzung kann ausbleiben, wenn der Betreffende nicht in Kontakt ist mit seinen Gefühlen und Bedürfnissen. Das bedeutet, dass der Betreffende seinen Ärger nicht in der konkreten Situation spürt, in der dieses Gefühl angemessen wäre. Die Aggressionen werden dann verdrängt und nicht selten auf einer anderen Ebene ausgetragen. Dieser Mechanismus vollzieht sich mehr oder weniger unbewusst. Manchmal drohen Konflikte mit relativ banalem Auslöser als Folge zu eskalieren:

Ursula, die ihre Wut nicht spürt, wenn ihr Mann Peter sie regelmäßig abwertet („Du bist nicht in der Lage, den Haushalt zu machen und die Kinder zu erziehen!"), ertappt sich häufig dabei, die Türen im Haus laut zuzuschlagen und die Kinder wegen Kleinigkeiten anzuschreien. Manchmal droht aber auch eine geringfügige Meinungsverschiedenheit mit ihrem Mann von ihrer Seite aus zu eskalieren. Ursula realisiert, dass ihre Reaktion dann in keinem angemessenen Verhältnis zum Auslöser steht.

In der Partnerschaft unterdrückte bzw. verdrängte Aggression kann von dem Betreffenden sogar gegen sich selbst gerichtet werden. Auch in diesem Fall kann eine notwendige Auseinandersetzung zwischen den Partnern ausbleiben. Dazu ein Beispiel:

Maria, eine 25jährige Studentin, ist seit einem Jahr mit ihrem Freund Wolfgang liiert. Dieser behandelt Maria respektlos, indem er in Gegenwart Dritter sarkastische Bemerkungen über ihr Übergewicht und ihre schlechten Leistungen im Studium macht. In den betreffenden Situationen spürt Maria nicht ihre Wut auf ihren Partner. Auch kann sie sich weder in den jeweiligen Momenten noch im Anschluss daran zur Wehr setzen. Stattdessen richtet sie ihre Aggressionen gegen sich selbst, indem sie ihm Recht gibt und sich selber wegen ihres Übergewichts und ihrer Leistungen verurteilt. Als Folge leidet sie unter Minderwertigkeitsgefühlen, Selbsthass und Schuldgefühlen. Nicht zuletzt richtet sie mit ihrem Rauchen, das sie in dieser Partnerschaft nach Jahren wieder angefangen hat, ihre latente Wut schädigend gegen sich selbst. In den jeweiligen Situationen, in denen Wolfgang sie in Gegenwart anderer so respektlos behandelt, führt das Rauchen im Sinne eines Teufelskreises darüber hinaus dazu, dass sie den Kontakt zu ihrer Kränkung und ihrem Ärger vollständig verliert.

Widersprechen

Entschließt sich ein Partner, den Gefühlen, Gedanken und Wahrnehmungen des anderen zu widersprechen, wird dadurch die Art, wie der andere die Realität erlebt, in Frage gestellt.

Beispiel: Eine Ehefrau sagt ihrem Mann: „Ich bin ärgerlich, dass deine Mutter sich gestern in unsere Finanzen eingemischt hat!" Der Ehemann erwidert: „Das stimmt nicht – sie hat sich nicht eingemischt, sondern gute Vorschläge zur Regelung unserer Finanzen gemacht. Sie meint es gut und möchte uns doch nur helfen!"

Widerspricht ein Partner dem anderen regelmäßig, so ist dies eine besonders schädliche Form der Kommunikation. Ein systematisches Widersprechen wird als Mittel zur Machtausübung eingesetzt und verneint die Überzeugungen, Gedanken und Gefühle des anderen. Sagt ein Partner durch ständiges Widersprechen zu bestimmten Erfahrungen des anderen ein konsequentes „Nein", so kann damit die Beziehung zerstört werden.

Rechtfertigung

Rechtfertigung ist ein weiterer Bestandteil gescheiterter Auseinandersetzungen. Untersuchungen konnten zeigen, dass Rechtfertigung nur selten den gewünschten Erfolg bringt. Stattdessen lässt sie den Konflikt in der Regel eskalieren. Grund dafür ist, dass der Partner, der sich rechtfertigt, in Wirklichkeit sagt: „Das Problem liegt nicht auf meiner Seite, sondern bei dir oder in den Umständen begründet!" Auch dazu ein Beispiel:

Andreas sagt zu seiner Frau Irmgard: „Ich finde, du gibst zu viel Geld aus, wenn du deine Kleidung vornehmlich in diesem teuren Bekleidungsgeschäft kaufst. Wir können uns diese Sachen auf Dauer nicht leisten." Irmgard rechtfertigt sich: „Ich habe in der letzten Zeit gar nicht so häufig dort eingekauft. Außerdem hatte ich in den letzten Wochen so viel Stress, dass ich mir mal wieder etwas Gutes tun wollte."

Die fatale Wirkung der Rechtfertigung besteht darin, dass der Ehemann von seiner Haltung nicht zurückweichen wird. Er wird die Begründung seiner Frau vielleicht nicht einmal wahrnehmen. Durch ihre Rückmeldung wird er sich vielmehr veranlasst sehen, sich noch mehr in seine Position hineinzusteigern. In unserem Beispiel wird er ihr vor Augen halten, wie viel Geld sie in den letzten Wochen für bestimmte Kleidungsstücke ausgegeben hat und dass es durchaus günstigere Einkaufsmöglichkeiten gibt. Die Partnerin, die sich rechtfertigt, kann nicht gewinnen – deren Ehe leider auch nicht.

Abblocken (Mauern)

Eine Person, die bei Kritik oder Fragen abblockt, zieht sich zurück, anstatt sich mit ihrem Partner auseinander zu setzen. Ein Partner, der häufig mauert, setzt sich nicht ausreichend mit dem anderen auseinander. Damit ist, wie wir schon gesehen haben, eine wichtige Voraussetzung für das Gelingen einer Partnerschaft nicht gegeben. Dieses Verhalten ist Untersuchungen zufolge stärker bei Männern verbreitet als bei Frauen.

Das Abblocken kann in der Form geschehen, dass ein Partner sich infolge der Kritik seiner Partnerin hinter der Zeitung versteckt oder vor den Fernseher flüchtet. Er weigert sich zu reden und kann durch sein Schweigen jede Möglichkeit einer Konfliktlösung verhindern. Das Abblocken kann aber auch durch Themenwechsel oder Vorwürfe zustande kommen. Beispiele für

Abblocken: „Das ist alles Quatsch!", „Jetzt fängst du schon wieder an mit dieser Streiterei!" oder „Lass mich damit in Ruhe!"

Eine notwendige Auseinandersetzung kann auch dadurch abgeblockt werden, dass der Adressat auf eine Kritik oder Forderung seinerseits mit Kränkung reagiert. Schwache bzw. fehlende innere Grenzen sind hierfür eine häufige Ursache. Statt eine angemessene Betroffenheit über sein mögliches Fehlverhalten zuzulassen, fühlt sich der Adressat persönlich in Frage gestellt oder abgewertet. Die Folge ist häufig ein Abblocken, ein Verharren in dem eigenen Gekränktsein und Gegenvorwürfe, etwa: „Mit diesem Vorwurf kannst du mich nicht lieben!"

Konfliktsucht

Ein weiteres Merkmal misslungener Auseinandersetzungen liegt vor, wenn ein oder beide Partner konfliktsüchtig sind. Zu diesem Muster zählen sowohl das suchtartige Herbeiführen bzw. Provozieren von Streit als auch – umgekehrt – das zwanghafte Vermeiden von Auseinandersetzungen um jeden Preis. Diese beiden Merkmale bilden quasi zwei Seiten derselben Medaille. Auf eine Partnerschaft wirken sie sich gleichermaßen zerstörerisch aus. Coabhängige Verstrickungen basieren manchmal auf einer Sucht nach Konflikten. Interessant ist, dass Konfliktvermeider und Konfliktsucher häufig die gleiche Geschichte haben.

Manipulative Äußerungen und Entwertungen

Manipulationen sind besonders schädlich, da sie den Empfänger von seinen Gefühlen und seiner Wahrnehmung abbringen. Sie führen daher nicht dazu, dass ein Konflikt gelöst wird. Ganz im Gegenteil: Manipulationen können zur Folge haben, dass der Empfänger früher oder später anfängt, an seiner Wahrnehmung, seinen Gefühlen und Fähigkeiten zu zweifeln.

Ein Beispiel soll dies veranschaulichen:

Andrea kritisiert Jörg, ihren Ehemann, von Zeit zu Zeit: „Es verletzt mich, wenn du in Gegenwart Dritter solche ironischen Bemerkungen über mich machst!" Die manipulativen Antworten von Jörg lauten dann jedes Mal: „Du bist humorlos!", „Du übertreibst!" oder „Du warst schon immer so empfindlich!"

Wenn ein Partner die Realität des anderen manipulativ abtut oder entwertet, ist diese Kommunikation extrem destruktiv. Häufig wird eine Manipulation vom Zuhörer als solche gar nicht erkannt. Manipulationen können versteckt und subtil ablaufen und die Form einer regelrechten Gehirnwäsche annehmen. Dazu ein weiteres Beispiel:

Angelika erklärt ihrem Lebensgefährten Rainer: „Ich möchte heute keine Intimitäten!" Rainer antwortet: „Ich weiß, dass du das auch brauchst – ich weiß, was dich glücklich macht, vertrau mir!" Wenn derartig schädliche Manipulationen zur Regel werden, zweifelt Angelika früher oder später an sich selber, ihrer Wahrnehmung und ihrem Erleben. Mangelndes Selbstwertgefühl und quälende Zweifel an den eigenen Gefühlen bis hin zu Schuldgefühlen können die Folge sein.

Destruktiv ist diese Form der Manipulation auch deshalb, weil für den Empfänger häufig die Botschaft mitschwingt: „Du darfst mir keine Grenzen ziehen!" Und genau diese Fähigkeit, d. h. die Fähigkeit, Grenzen zu ziehen, kann beim Empfänger durch Manipulation beeinträchtigt werden.

Abstreiten/Leugnen

Durch diese Form der Kommunikation wird die Realität des anderen verneint. Dadurch hat dieser Mechanismus besonders zerstörerische Auswirkungen für den Empfänger. Der Sender bemüht sich erst gar nicht, das Erleben des anderen zu verstehen, sondern gibt dem Partner die Rückmeldung, dass seine Gefühle und seine Wahrnehmung der Dinge nicht stimmen. Zwei Beispiele sollen dies veranschaulichen:

Friedrich sagt zu Eva, seiner Partnerin: „Du bist heute so schweigsam. Stimmt etwas nicht?" Eva entgegnet: „Das musst du dir einbilden. Ich verhalte mich genauso wie immer."

Iris kritisiert Albrecht, ihren Ehemann: „Ich empfand es gestern als peinlich und respektlos, dass du mich in der Öffentlichkeit so angeschrien hast." Albrecht antwortet: „Ich weiß nicht, worüber du dich aufregst. Das habe ich nicht getan."

Vage bzw. unklare Kommunikation

Hier handelt es sich um ein weiteres Merkmal einer gestörten Kommunikation, bei der ein Partner den anderen im Unklaren lässt. Dieser Mechanismus ist deshalb so schädlich, weil er beim Empfänger Zweifel und Unsicherheit bewirkt.

Beispiel: Thomas fragt seine Frau Helga nach einer Phase langer und schwerer Auseinandersetzungen: „Denkst du an Trennung?" Helga antwortet: „Irgendwann geht alles einmal zu Ende."

Bei fortgesetzter vager Kommunikation kann der andere nachhaltige Zweifel an seinem Erleben bzw. an sich selber entwickeln.

Tabuthemen

Existieren in einer Partnerschaft sog. Tabuthemen, so bedeutet dies, dass eine notwendige ehrliche Diskussion über bestimmte Themen ausbleibt. Dies kann Konflikte und Aggressionen auf anderen Ebenen begünstigen und eskalieren lassen. Tabuthemen betreffen vor allem schlechte Angewohnheiten eines Partners oder ein bestimmtes Geheimnis, also Dinge, die nicht angesprochen werden dürfen. Diese jeweiligen Themen werden in der Kommunikation regelmäßig ausgespart.

Ein Beispiel soll dies demonstrieren:

Birgit und Hans sind seit 15 Jahren verheiratet. Das Paar hat ein gemeinsames Kind. Birgit wagt inzwischen nicht mehr, Hans auf seine extremen Hobbys und Sportarten anzusprechen, mit denen er sich und seine Familie regelmäßig in gefährliche Situationen bringt (z. B. Motorrad fahren auf einer steilen Bergpiste, extrem schnelles Autofahren und zahlreiche andere waghalsige Manöver). Sie weiß aus Erfahrung, dass ihr Mann schon bei dem leisesten Versuch, ihn auf seine waghalsigen Verhaltensweisen anzusprechen, jähzornig reagiert. Im Laufe der Zeit hat sie ihre Auseinandersetzungen über dieses Thema eingestellt. Das Fehlverhalten ihres Mannes ist zu einem Tabuthema geworden. Das Paar wundert sich, dass bei alltäglichen, relativ geringfügigen Anlässen (wenn er z. B. beim Einkauf etwas vergessen hat) Auseinandersetzungen regelmäßig eskalieren. Beide sind sich darin einig, dass die Vehemenz solcher Konflikte dann in keinem vernünftigen Verhältnis zum Auslöser steht.

Das Beispiel von Birgit und Hans veranschaulicht zum einen Kennzeichen und Auswirkungen möglicher Tabuthemen. Zum anderen ist es ein Beispiel für eine coabhängige Verstrickung von Partnern, von der im Weiteren noch ausführlicher die Rede sein wird.

Kommunikation „übereck"

Bei dieser gestörten Form der Kommunikation redet z. B. ein Partner in

Gegenwart seiner Partnerin mit einem Dritten über sie. Gestört ist diese Form deshalb, weil dabei der Partner sozusagen entmündigt wird (die beiden anderen treffen z. B. eine Entscheidung an dessen Stelle) oder aber der Unmut des einen Partners nicht an den anderen gerichtet, sondern stellvertretend über den Dritten ausgetragen wird. Dementsprechend blockiert dieser Mechanismus eine notwendige klärende Diskussion. Darüber hinaus benutzt der Sender dabei einen Dritten, um die direkte Aussprache mit dem eigentlichen Adressaten zu vermeiden.

Beispiel: Nach der Trennung von ihrem Mann erklärt Bärbel ihren Kindern: „Euer Vater hat uns wegen dieser anderen Frau verlassen."

Dieses Merkmal einer gestörten Kommunikation wirkt sich dementsprechend häufig nicht nur auf die Partnerschaft, sondern auch auf den Dritten (in diesem Fall die Kinder) zerstörerisch aus.

Sog. doppelte Botschaften

Bei diesem Mechanismus werden zwei sich widersprechende Botschaften auf verschiedenen Ebenen der Kommunikation gesendet. Etwa ein Widerspruch in der Aussage „Ich bin nicht verärgert!" und dem tatsächlichen Tonfall, der durchaus aggressiv klingt. Oder es liegt ein Widerspruch zwischen der Aussage des Ehemannes („Wir haben eine gleichwertige Partnerschaft") und seinem Verhalten vor, indem er als selbstverständlich voraussetzt, dass seine Frau nach der Geburt des Kindes ihre Berufstätigkeit einschränkt oder aufgibt. Für ihn selber kommt diese Möglichkeit von vornherein nicht in Betracht.

Doppelte Botschaften wirken sich, sofern sie regelmäßig gesendet werden, schädigend für den Empfänger aus, da dieser früher oder später anfängt, an seiner Wahrnehmung und seinen Gefühlen zu zweifeln.

Die folgende Abbildung fasst die beschriebenen Störfaktoren in der Kommunikation, welche zu Konfliktpotenzial in der Partnerschaft führen können, noch einmal grafisch zusammen.

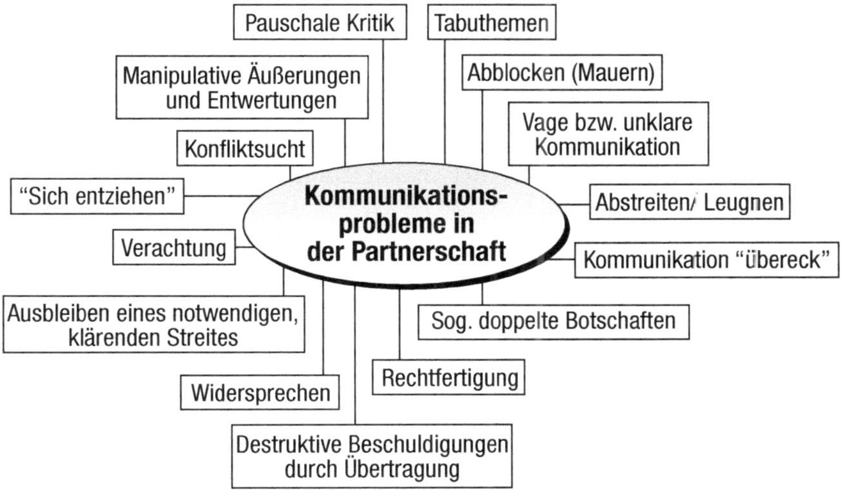

Abb. 1: Kommunikationsprobleme in der Partnerschaft

Wie Sie sehen, kann eine Vielzahl von Störquellen in der Kommunikation Konflikte hervorrufen und Auseinandersetzungen zum Scheitern bringen.

Bei einer gestörten Kommunikation kann – verdeckt oder offensichtlich – Macht und psychische Gewalt ausgeübt werden. In solchen Fällen besteht keine gleichwertige Partnerbeziehung. Darüber hinaus kann Kommunikation als Instrument auch Nähe und Distanz regulieren: Bei einer gestörten Kommunikation wird Distanz zwischen den Partnern geschaffen – die für eine Beziehung notwendige Nähe und Intimität wird untergraben.

Altlasten in einer Beziehung

Die o. g. Störquellen in der Kommunikation führen nicht selten dazu, dass Verletzungen in einer Partnerschaft unerledigt bleiben. Häufig kann über die jeweilige Verletzung nicht gesprochen werden („Jetzt fang doch nicht schon wieder mit der alten Geschichte an!"). Wie beschrieben haben unbearbeitete Verletzungen in der Regel ein Ungleichgewicht in der Partnerschaft zur Folge. Ein ähnlicher Sachverhalt liegt vor, wenn ein Partner nicht bereit ist, eine schlechte Angewohnheit zu verändern (z. B. wenn er nicht aufrichtig ist). Der andere Partner kann dann seinen Ärger und seine Kränkung nicht loslassen. In solchen und ähnlich gelagerten Fällen entstehen sog. Altlasten in der Partnerschaft. Diese können auf Dauer zu einem regelrechten Sprengsatz für die Beziehung werden. Die aus den unverarbeiteten Verletzungen resultierenden Aggressionen und Kränkungen schwelen dabei bewusst oder unbewusst weiter, manchmal auch in Form von Symptomen. Oft reicht ein kleiner Auslöser, der an den Konflikt erinnert, um den Streit entzünden oder erneut eskalieren zu lassen. Auf den Berg der Altlasten werden auf diese Weise oft viele verdrängte Konflikte aufgetürmt. Manchmal wird in solchen Fällen das Gefälle in der Partnerschaft so stark, dass der Lösungsweg in eine Trennung mündet. Das folgende Beispiel soll dies veranschaulichen:

Bruno ist ein 49jähriger Polizist und Vater von 2 Kindern. In den letzten 10 Jahren trennte sich seine Frau Ursula wiederholt von ihm. Nach den verschiedenen Trennungen gelang es ihm immer wieder, seine Frau zurückzugewinnen. Dieses Mal ist die Trennung endgültig, Ursula hat die Scheidung eingereicht. Im Rückblick ist sich Bruno darüber im Klaren, dass seine Ehe vor allem an einem Berg von Altlasten scheiterte.

Der größte unerledigte Konflikt bestand über den gesamten Zeitraum der Partnerschaft darin, dass Ursula sich mit ihrer Kritik über das Verhalten der Schwiegermutter von ihrem Mann nicht verstanden und unterstützt gefühlt hatte. Ihre Kränkung, die daraus resultierte, schwelte dementsprechend chronisch in der Beziehung und entlud sich von Zeit zu Zeit in Form von heftigen Streitgesprächen.

Schon bald nach dem Kennenlernen hatte sich Ursula bei Bruno über das eifersüchtige und abweisende Verhalten seiner Mutter ihr gegenüber beklagt. Als das Paar schließlich in das Haus seiner Mutter einzog, verletzte die Schwiegermutter regelmäßig die Grenzen vor allem der Ehefrau. Dabei betrat sie z. B. ohne Absprache in Abwesenheit der Eheleute deren Wohnung, kontrollierte Wasserzähler, schaltete Heizkörper ab oder äußerte sich verletzend und abwertend ihrer Schwiegertochter gegenüber. Ursula litt fortlaufend unter den Verletzungen und demütigenden Verhaltensweisen ihrer Schwiegermutter. Da das Leben im Haus seiner Mutter viele Vorteile für Bruno einbrachte, war dieser immer bemüht, zwischen beiden Parteien zu vermitteln und seine Frau zu beruhigen. Durch seine coabhängige Rolle der Mutter gegenüber fühlte sich Ursula über die Jahre von ihm im Stich gelassen und regelrecht verraten. Dies machte sie ihm bis zuletzt zum Vorwurf. Die nicht ausgeheilten Schmerzen und Aggressionen zeigten sich bei Ursula schließlich in Form von psychosomatischen Beschwerden (Magengeschwür und Kopfschmerzen) und starken Stimmungsschwankungen. Nach der ersten Trennung bewirkte Ursula, dass das Paar sich eine eigene Wohnung in einem anderen Ort nahm. Doch schon nach einem Jahr drängte Bruno darauf, zurückzuziehen. Seine Frau fand sich damit ab, da er zu anderen Zugeständnissen bereit war. Nach kurzer Zeit fingen die Zwistigkeiten zwischen seiner Mutter und seiner Frau wieder an. Ursula, die jetzt in eigener Wohnung mit einem neuen Partner lebt, setzt ihre verdrängten Aggressionen über wütende Anwaltsbriefe, Drohungen und Missbrauch der Kinder fort – denen sie erklärt, dass ihr Vater schlecht und an der Trennung schuld sei, weil er sich nie von seiner Mutter abgenabelt habe. Bruno realisiert, dass seine Kinder hierdurch manchmal regelrecht verstört sind.

Wie Sie an diesem Beispiel sehen, können Partnerschaften an einem Berg von Altlasten scheitern. In dem genannten Beispiel bestand eine coabhängige Verstrickung zwischen Bruno und seiner Mutter. Im Rahmen dieser Verstrickung ließ er ihre schlechten Angewohnheiten durchgehen und zog ihr keine Grenzen. Für die Beziehung zu seiner Frau heißt dies umgekehrt, dass er ihre Forderungen nicht gemeinsam mit ihr gegen seine Mutter durchsetzen konnte. Wie Sie dem Kapitel „Prüfsteine für eine glückliche Partnerschaft" entnehmen konnten, ist damit eine zentrale Voraussetzung für das Gelingen einer Partnerschaft, nämlich der Aufbau eines Wir-Gefühls in Abgrenzung von der Ursprungsfamilie von Bruno nicht bewältigt worden.

Um die Gleichwertigkeit in einer Partnerschaft wiederherzustellen, ist es von großer Bedeutung, dass Verletzungen ausheilen können. Im zweiten Teil dieses Buches werden Sie daher konkrete Anhaltspunkte finden, in welcher Form dies geschehen kann.

Verstrickungen

Konflikte und Altlasten in einer Partnerschaft resultieren häufig aus Verstrickungen. Das letzte Beispiel konnte dies veranschaulichen. Verstrickungen in Partnerschaften verdienen somit besondere Beachtung. Lassen Sie uns daher zunächst der Frage nachgehen: Wodurch ist eine Verstrickung in einer Partnerschaft gekennzeichnet? Stellen Sie sich am besten ein Paar vor, bei dem einer der Partner ein bestimmtes Problem hat. Der andere Partner ist dann verstrickt in dessen Problem, wenn sein Verhalten und seine Gefühle durch dieses Problem mitbestimmt werden. Eine punktuelle Verstrickung muss für eine Partnerschaft an sich noch kein Problem sein. Aber wie Sie in dem letzten Beispiel gesehen haben und im Weiteren noch sehen werden, können bestimmte komplexe Verstrickungen folgenschwere Konsequenzen für einen oder beide Partner haben.

Betrachten wir zunächst ein Beispiel zu einer relativ umgrenzten Verstrickung in einer Partnerschaft:

Markus hat ausgeprägte Minderwertigkeits- und Schamgefühle. Er schämt sich dafür, dass die Ehe seiner Eltern sehr schlecht war und seine Mutter seit vielen Jahren ein Alkoholproblem hat. Darüber – wie auch über das heutige Alkoholproblem seiner Schwester – schweigt er sich aus. Seinen Freunden gegenüber lügt er auch manchmal, wenn er auf seine Mutter oder Schwester angesprochen wird. Seine Ehefrau Bettina weiß um die Probleme in der Familie ihres Mannes. Vor allem aber spürt die feinfühlige Frau im Umgang mit den Themen, wie unangenehm es ihrem Mann ist, darüber zu sprechen. Bei gelegentlichen Treffen mit Freunden wird Markus z. B. wiederholt gefragt, warum seine Mutter so schlecht aussehe und warum die Schwester ihre Stelle verloren habe. Bettina möchte ihrem Mann dann seine unangenehmen Gefühle ersparen und ihm aus der Situation helfen. Sie lenkt das Gespräch in diesem Fall schnell auf andere Themen. Manchmal lügt sie auch anstelle ihres Mannes, wodurch sie sich selber gelegentlich in unangenehme Situationen bringt. Sie ist verstrickt in sein Problem, das lautet: Aufgrund von Scham- und Minderwertigkeitsgefühlen neige ich dazu, bestimmte Wahrheiten zu verleugnen. Für die Ehefrau hat dies zur Folge, dass sie im Umgang mit diesem Thema nach einiger Zeit zwischen ihren eigenen Gefühlen und Bedürfnissen und denen ihres Mannes nicht mehr unterscheiden kann.

Eine *besondere Art der Verstrickung* von hoher Komplexität liegt der sog. *Coabhängigkeit* zugrunde. Coabhängigkeit („*co*" bedeutet vom Wortstamm her: „*zusammen*" bzw. „*mit*") im weitesten Sinne heißt, „*Mitspieler*" zu sein. Jemand kann zum Mitspieler eines anderen werden, indem er zum Beispiel dessen schlechte Angewohnheiten durchgehen lässt bzw. diese noch unterstützt (vgl. dazu die weiter oben dargestellten Beispiele: die coabhängige Rolle der Ehefrau, deren Mann sich regelmäßig in gefährliche Situationen brachte. Der coabhängige Ehemann, der die schlechten Angewohnheiten seiner Mutter durchgehen ließ, dessen Ehe durch die sich hieraus ergebenden Altlasten zerstört wurde).

Bezeichnend für coabhängige Verstrickungen, die im nächsten Abschnitt ausführlicher beschrieben werden, ist, dass der coabhängige Mitspieler für seine Rolle immer „etwas bekommt" (er kann z. B. einen Streit vermeiden) und dafür gleichzeitig einen Preis zahlt (z. B. in Form von gesundheitlichen Beeinträchtigungen).

Ähnlich wie bei der Vergabe von Rollen in einem Drehbuch übernimmt der coabhängige Partner seine Rolle in der Interaktion. Der Unterschied besteht jedoch vor allem darin, dass seine Rolle nicht bewusst vergeben, sondern von ihm in der Regel unbewusst übernommen wird.

Coabhängigkeit ist daher ein mehr oder weniger unbewusster Prozess, der häufig erst in der Therapie bewusst gemacht und bearbeitet werden kann. Das bedeutet: Paare, die sich aufgrund einer coabhängigen Verstrickung in einer Krise befinden und sich in paartherapeutische Behandlung begeben, sind sich dieser tieferen Wurzeln ihrer Probleme häufig nicht im Klaren.

Bevor wir die Merkmale der Coabhängigkeit in Partnerschaften und zentrale zugrunde liegende unbewusste Anteile genauer betrachten, ist es hilfreich, zuvor der Frage nachzugehen: Welche unbewussten Faktoren sind es eigentlich, die bei dem Zustandekommen und der Aufrechterhaltung einer Beziehung sowie einer coabhängigen Verstrickung mitwirken?

Exkurs: Unbewusstes Lieben – das Teilen von einem Stück Heimat (der verborgene Einfluss der Vergangenheit)

Unbewusste Prozesse spielen in einer Partnerschaft eine bedeutende Rolle. Sie haben ihre Wurzeln vor allem in der jeweiligen Vergangenheit der beiden Partner. Über diesen versteckten Einfluss der Vergangenheit auf ihr gegenwärtiges Fühlen, Denken und Handeln ist sich ein Paar in aller Regel jedoch nicht im Klaren.

Menschen suchen sich in Beziehungen gewöhnlich Partner, mit denen sie eine *vertraute Rolle* wieder einnehmen können. Dieser Mechanismus vollzieht sich unbewusst und erklärt sich vor dem Hintergrund der Rolle, die man vor allem in seiner Ursprungsfamilie bzw. seiner Vorgeschichte eingenommen hat. Dazu ein Beispiel:

Martin übernahm in seiner Kindheit eine nicht altersgemäße Verantwortung im Rahmen der permanenten Konflikte seiner Eltern, was problematisch war. Obwohl er mit dieser Verantwortung vollkommen überfordert war, beließen ihn die Eltern jahrelang in der Vermittlerrolle. Er zeigte Verständnis und spendete Trost, wenn die Mutter deprimiert war und sich bei ihm über den Vater beklagte. Er war stolz, wenn er seiner Mutter helfen konnte. Als Erwachsener geht Martin wiederholt Partnerschaften mit Frauen ein, die massive Probleme haben – mehr noch: für deren Probleme er sich zuständig fühlt. Geduldig erträgt er in seiner jetzigen Beziehung die Klagen seiner Freundin, die häufig niedergeschlagen ist. Dabei merkt er nicht, dass er mit dieser Rolle hoffnungslos überfordert ist.

In den Paartherapien realisieren die Paare häufig die Bedeutung unbewusster Prozesse, indem sie plötzlich feststellen, dass sie eine Beziehung zu einem Menschen aufgebaut haben, der ähnliche, manchmal auch entgegengesetzte Eigenschaften hat wie die Eltern oder andere Bezugspersonen, und dies, obwohl gerade jene Eigenschaften der Eltern abgelehnt wurden.

Die Wiederholung der gestörten Beziehungsmuster der Eltern in der eigenen Partnerschaft kann dann als unbewusste Reinszenierung der Kindheitserfahrungen verstanden werden.

Die sog. *innere Landkarte* (oder Drehbuch), über die ein Mensch verfügt, formt sich fortlaufend in seiner Kindheit und Jugend aus. In diese Karte eingezeichnet sind Merkmale, wie z. B. die Strenge der Mutter, das Lachen des Vaters, die Geborgenheit, die er vermittelte, die angespannte Atmosphäre des Elternhauses, aber auch Verletzungen und Traumatisierungen. In ihr sind also unbewusste Merkmale enthalten, die ihre spätere Wirkung in Form eines Gefühls von *Vertrautheit bzw. Verliebtheit* bei der Begegnung mit einem Menschen entfalten. Das heißt vereinfacht: Aufgrund dieser Gefühle, Bedürfnisse und Muster, die der betreffenden Person in dem Augenblick der Begegnung nicht bewusst sind, schafft sich jeder Mensch seine Beziehungen selbst. Die zugrunde liegende Vertrautheit kann vorteilhaft sein, sie kann aber auch Nachteile mit sich bringen.

Beginnen nun Erwachsene eine Partnerschaft mit alten, aufgestauten Verletzungen, Ängsten und Wutgefühlen, deren Ursache sie längst vergessen oder verdrängt haben, neigen sie nicht selten dazu, ihre gegenwärtige Beziehung für den Schmerz verantwortlich zu machen, der früher oder später in dieser Beziehung – gewöhnlich nach der Phase der Verliebtheit – zwangsläufig auftaucht. Unbewusst tendieren sie nämlich dazu, sich einen Partner zu suchen, dessen eigene Probleme in ihr Problem hineingreift, so dass die beiderseitigen Probleme sich ergänzen. Die Nähe und Liebe in der Beziehung bringen früher oder später diese alten, unbewältigten Muster zum Vorschein, welche durch frühere Beziehungen zu nahe stehenden Menschen geprägt wurden. Die neue Beziehung bringt damit gleichzeitig die Chance

mit sich, sich mit diesen alten Mustern und Verletzungen auseinander zu setzen. Lassen Sie uns zur Veranschaulichung dieser Zusammenhänge auf das letzte Beispiel zurückgreifen:

Martin wurde in seiner Kindheit von seinen Eltern durch die ihm zugewiesene Rolle als Vermittler dazu benutzt, dass diese ihren Streit nicht direkt miteinander austragen mussten. Er konnte seine Kränkung, seinen Schmerz und seinen Ärger über diesen „emotionalen Missbrauch" nicht empfinden. Vielmehr verdrängte er diese Gefühle in seiner Kindheit und Jugend. In seiner jetzigen Partnerschaft empfindet Martin in der letzten Zeit eine zunehmende Deprimiertheit und Wut. Schließlich fühlt er sich ausgenutzt, da seine Partnerin seine Ratschläge nicht befolgt und sie ihre Probleme nicht löst. Lange Zeit hat er seine Wut ihr gegenüber unterdrückt. Nach einiger Zeit platzt der angesammelte Ärger aus ihm heraus: Martin macht seine Freundin für seinen schlechten Zustand verantwortlich.

Wird der zugrunde liegende Mechanismus für diese Probleme nicht erkannt und keine eigene Verantwortung hierfür übernommen, so besteht die Gefahr, dass die Lösung für die unglückliche Beziehung in der Trennung gesucht wird. Nicht selten kommt es dann zu einem Wiederholungsmuster in der nachfolgenden Beziehung. Untersuchungen zufolge ändern sich genau diese grundlegenden Muster *nicht* zwangsläufig, sondern tendieren zu einer Wiederholung in der nächsten Partnerschaft.

Die Art und Weise, wie nach der Phase des Verliebtseins mit den „Schatten der Vergangenheit" sowie den eigenen ungeliebten Anteilen umgegangen wird, entscheidet darüber, ob aus einer Beziehung eine coabhängige Verstrickung oder eine gleichberechtigte und erfüllte Partnerschaft wird.

Im Falle der Coabhängigkeit wird dem Muster mit Verschweigen, Rückzug und Projektion begegnet, und es entstehen unbewusste Abmachungen und Regeln (Schuldzuweisungen, Machtkämpfe), um die coabhängige Beziehung zu erhalten.

Coabhängigkeit in Beziehungen

Partnerschaftskonflikte, gesundheitliche Probleme sowie Trennungen sind häufig die Folge von coabhängigen Verstrickungen.

Ursprünglich stammt der Begriff „Coabhängigkeit" aus der Suchttherapie. Bei der Arbeit mit suchtkranken Menschen zeigte sich, dass das Umfeld eines Süchtigen häufig dessen Sucht fördert und aufrechterhält. Als „Mitspieler" übernehmen die Bezugspersonen z. B. eine problematische Verantwortung für den Suchtkranken, zeigen zu viel Verständnis und Kontrolle ihm gegenüber oder verheimlichen seine Sucht, wodurch sie dessen Behandlung und Genesung unbewusst erschweren und verzögern. Diese Rolle der Bezugspersonen wird als „coabhängig" bezeichnet. Zusätzlich fand man heraus, dass sich die Persönlichkeit dieser coabhängigen Mitspieler (i.e.S. vor allem Partner und Kinder) auf ähnliche Art und Weise verändern kann wie die Persönlichkeit des Süchtigen selbst.

Wie bereits erwähnt kann sich Coabhängigkeit in alle Lebensbereiche einschleichen. Eine typische Variante coabhängiger Verstrickungen besteht darin, mit Hilfe von *unbewussten Abmachungen und Spielregeln* beiderseitige Missstände und schlechte Angewohnheiten *gegenseitig zu unterstützen bzw. auszublenden.* Die bewusste Wahrnehmung der Partner ist dabei nicht nur für Missstände eingeschränkt, sondern auch für andere Lebensbereiche (z. B. kann die Wahrnehmung und Einschätzung des eigenen Körpergewichtes bei einem übergewichtigen Coabhängigen so verzerrt sein, dass dieser sich für normalgewichtig hält). Ein Verlust der Freiräume bzw. Freiheit und eine Stagnation der Entwicklung und Kreativität sind die Folge für die beiden Partner wie auch für die Beziehung.

Hendricks und Hendricks (1990) schreiben dazu:

„Coabhängigkeit ... ist eine unbewusste Verschwörung zwischen zwei oder mehr Menschen, sich schlecht zu fühlen und die Möglichkeiten des oder der anderen einzuschränken. Der Vertrag lautet: Wenn ich dir erlaube, durch das Leben zu schlafwandeln, dann weckst du mich auch nicht auf.

Wenn ich einwillige, nicht zu wachsen, dann wächst du auch nicht. Wenn ich nicht darauf bestehe, dass du deine schlechten Angewohnheiten änderst, dann verläßt du mich nicht und bringst mich auch nicht dazu, meine eigenen schlechten Angewohnheiten zu hinterfragen. Ganz egal, wie diese Abmachungen aussehen, sie funktionieren nie: In einer Verstrickung ist noch nie jemand wirklich glücklich, wach und lebendig geworden" (S. 19).

Wie zeigt sich nun Coabhängigkeit im Beziehungsalltag? Ein Beispiel soll dies veranschaulichen:

Ulrich ist ein 44jähriger Handwerker. Er lebt mit Manuela, einer 39jährigen Renogehilfin, zusammen. Meinungsverschiedenheiten in ihrer Partnerschaft wie auch Kritikversuche führen bei den beiden regelmäßig zu Rechtfertigungen und lautstarken gegenseitigen Anschuldigungen. Dabei stehen die Auslöser für die Streitereien in keinem gesunden Verhältnis zu dem Ausmaß an Eskalationen der Auseinandersetzungen. Die Partner sehen den Entschluss der Eheschließung und das Gelingen ihrer Partnerschaft als gefährdet an. Manuela leidet unter gelegentlichen Essanfällen und Gewichtsschwankungen. Ulrich hat seit vielen Jahren die schlechte Angewohnheit, in Kaufhäusern zu stehlen. Wenn seine Freundin ihn beim Stehlen ertappt, schaut sie regelmäßig weg. Manuela bewertet das Verhalten ihres Partners nicht als schlechte Angewohnheit – vielmehr neigt sie dazu, das Stehlen zu verharmlosen. Das Stehlen ist ein Tabuthema in der Partnerschaft. Manchmal bringt Ulrich seiner Freundin ein Geschenk mit nach Hause, welches er zuvor gestohlen hat. Manuela reagiert dann gekränkt. Eine Auseinandersetzung über dieses Thema bleibt jedoch aus. Manuela verdrängt ihre gelegentlich aufkommenden unangenehmen Gefühle über das Verhalten ihres Freundes. Die Essanfälle helfen ihr dabei, aufkommenden Ärger oder Kränkungen noch schneller zu vergessen. Der Preis hierfür sind Gewichtsschwankungen und drohende gesundheitliche Probleme. Umgekehrt schaut auch Ulrich regelmäßig weg, wenn seine Freundin ihren Essanfällen nachgeht. Auch ihre schlechte Angewohnheit ist ein Tabuthema in der Partnerschaft. Eine unausgesprochene Abmachung zwischen den beiden lautet: „Bestehst du nicht darauf, dass ich das Stehlen beende, so werde ich dich nicht auffordern, deine problematischen Essgewohnheiten zu verändern. Hierüber wird in unserer Beziehung nicht gesprochen."

Das Beispiel von Ulrich und Manuela enthält zwei sich gegenseitig bedingende Verstrickungsmuster, nämlich:

Wir suchen uns einerseits in Beziehungen einen Partner, der die eigenen schlechten Angewohnheiten unterstützt (s. Manuela, die sich einen Partner gesucht hat, der ihre Esssucht durchgehen lässt), und andererseits lassen wir in einer Beziehung zu, dass der Partner eine schlechte Angewohnheit ausübt (siehe regelmäßiges Stehlen von Ulrich).

Es gibt jedoch noch weitere Varianten coabhängiger Verstrickungen:

Eine andere Form von Coabhängigkeit liegt z. B. vor, wenn die beiden Partner konfliktsüchtig sind (hiervon war bereits in dem Kapitel über Kommunikationsprobleme die Rede). In diesem Fall können Auseinandersetzungen in der Beziehung zum Selbstzweck werden.

Eine andere Art der Verstrickung besteht darin, dass einer oder beide Partner süchtig nach Scheitern der Beziehung sind. Diese Variante liegt z. B. vor, wenn man mit seinem Partner stellvertretend für eine Person aus seiner

Vergangenheit „abrechnet", mit der man einen alten Konflikt nie ausgetragen hat. Auch hier liegen verdeckte Abmachungen und Motive zugrunde:

Birgit hat sich in ihrer ersten Ehe nie mit ihrem damaligen Ehemann über seine regelmäßigen beleidigenden Äußerungen ihr gegenüber („Du Schlampe!", „Du Idiot!") auseinander gesetzt. Ihre Aggressionen auf ihren ersten Mann hatte sie permanent verdrängt. In ihrer zweiten Ehe ertappt sie sich dabei, wie sie ihr neues Glück durch ihre ständige Kritik am Partner allmählich zerstört. Nachdem ihre Freunde sie darauf aufmerksam machen, dass sie an ihrem zweiten Mann ständig etwas auszusetzen hat, wird ihr bewusst, dass das Problem in erster Linie bei ihr selber liegt. Als beide Partner sich schließlich in paartherapeutische Behandlung begeben, wird für beide offensichtlich, dass Birgit eine „alte Rechnung" auf ihren jetzigen Partner übertragen hat.

Manchmal wird mit dem aktuellen Partner unbewusst ein bestimmtes Thema aus der Vorgeschichte fortgesetzt bzw. reinszeniert. Dabei kann es sich z. B. um eine alte, nicht verarbeitete Verletzung handeln, um ein Kindheitstrauma oder um das gestörte Beziehungsmuster der Eltern. Auch in diesen Fällen liegen coabhängige Verstrickungen vor.

Das o. g. Beispiel (Ulrich und Manuela) steht nicht nur für charakteristische Spielregeln und Abmachungen im Umgang mit schlechten Angewohnheiten. Es veranschaulicht auch eindrucksvoll, dass in solchen coabhängigen Verstrickungen *Aggressionen* in der Regel von beiden Seiten verdrängt, aufgestaut und auf Nebenschauplätzen ausgetragen werden. In coabhängigen Verstrickungen wird in der Regel destruktiv gestritten bzw. Streit zwanghaft vermieden.

Werden diese verdrängten Aggressionen gegen sich selbst gerichtet, so entstehen (als typische Symptome coabhängiger Verstrickungen) häufig Depressionen, Essstörungen, Süchte und andere Symptome und Krankheiten. Das gemeinsame Verdrängen und Ausblenden führt auf der Kommunikationsebene zu *Tabuthemen.* In einer coabhängigen Beziehung wird die Wahrheit nicht akzeptiert und auch nicht ausgesprochen. Beide Partner haben ein Interesse daran, das *Gleichgewicht* zu erhalten und den anderen in einem Zustand zu belassen, in dem die erforderliche Wachheit und Entschlossenheit für eine Veränderung fehlt.

In diesem Zusammenhang möchte ich mit Ihnen der Frage nachgehen: Auf welcher Grundlage lassen sich coabhängige Reaktionsmuster und deren Entstehung am ehesten nachvollziehen?

Denken wir an die Sozialisation eines Menschen, so fördert die Gesellschaft, in der er aufwächst, seine Ursprungsfamilie wie auch die Religion mitsamt den hier übernommenen Regeln in entscheidender Weise die Entstehung und Aufrechterhaltung von coabhängigen Reaktionen. Vor diesem Hintergrund ist die Entwicklung der Coabhängigkeit beim Individuum sogar sehr wahrscheinlich.

Zu den zentralen Merkmalen eines coabhängigen Menschen, die in einer Beziehung häufig zu einer coabhängigen Verstrickung der Partner führen, zählen vor allem:

a) Probleme im Umgang mit Grenzen (etwa Probleme damit, nein zu sagen oder Forderungen zu stellen)
b) Trennungsängste sowie Angst vor dem Alleinsein
c) mangelndes Selbstwertgefühl
d) Verdrängen von Gefühlen (vor allem Ärger) und Bedürfnissen
e) starke Außenorientierung: Die Wahrnehmung wird mehr nach außen statt nach innen gerichtet (ein coabhängiger Mensch hat häufig eine größere Sensibilität für die Gedanken, Bedürfnisse, Gefühle und Beweggründe seiner Mitmenschen als für seine entsprechenden eigenen inneren Prozesse)
f) Angst vor Konflikten
g) Realitätsverzerrung: Die Schwierigkeit, die Realität angemessen wahrzunehmen (im Falle von Ulrich und Manuela hält letztere das Stehlen ihres Partners für eine „menschliche Schwäche", nicht aber für ein Fehlverhalten, das dieser verändern sollte)

Auf der Ebene der Partnerschaft führt vor allem der problematische Umgang mit Grenzen sowie die Angst vor Konflikten häufig zu **Scheinlösungen** (siehe nächstes Beispiel). Mit solchen Scheinlösungen wird das Gleichgewicht in der Beziehung wieder hergestellt. Es wird dadurch gewährleistet, dass das Paar vermeidet, den Konflikt auf dem „Hauptkampfplatz" auszutragen. Der Konflikt wird durch die Scheinlösung neutralisiert. Schauen wir uns das folgende Beispiel zur Verdeutlichung dieser Zusammenhänge an. In dem geschilderten Fall handelt es sich um eine recht komplexe coabhängige Verstrickung. Hier wäre für eine Veränderung professionelle Hilfe indiziert:

Rudolf ist 46 Jahre alt und von Beruf Steuerberater. Er ist seit 7 Jahren mit seiner Frau Beate (47 Jahre, Hausfrau) verheiratet. Das Paar hat sich seit dem Kennenlernen vor 11 Jahren mit beiderseitigen problematischen Angewohnheiten „arrangiert". Die schlechten Angewohnheiten von Rudolf beruhen vor allem auf seinem Starrsinn. Dieser lässt nicht zu, dass seine Frau in bestimmte Entscheidungen einbezogen wird. Viele Dinge und Abläufe setzt er einfach nach seinen Vorstellungen durch. Beate unterstützt coabhängig diese Verhaltensweisen ihres Mannes, indem sie immer zu viel Verständnis für ihn aufbringt. Sie selber leidet aufgrund ihrer verdrängten Gefühle und Bedürfnisse unter einem gestörten Essverhalten und Übergewicht. Ihre Unzufriedenheit mit ihrem Körpergewicht kompensiert sie dadurch, dass sie regelmäßig viele Kleidungsstücke kauft. Für ihre Kaufräusche gibt sie häufig sehr viel Geld aus. Rudolf ist coabhängig mit den Problemen seiner Frau verstrickt, indem er ebenfalls zu viel Verständnis für ihre Selbstzweifel und ihr Kaufverhalten aufbringt. Er wird nicht müde, immer neue Erklärungen und Entschuldigungen für ihr problematisches Verhalten zu finden. Er arrangiert sich mit der Scheinlösung, dass er ihre Einkäufe mehr und mehr zu kontrollieren versucht – was aber nicht klappt – und selber extrem genügsam wird. Außerdem fühlt er sich mit der „Lösung" wohl, dass er alle sonstigen finanziellen Bereiche allein verwaltet. Zusätzlich zu dem Kaufverhalten ist Beate nicht in der Lage, sich von ihren alten, zum Teil nie getragenen Kleidungsstücken zu trennen. Inzwischen stellt der über Jahre angesammelte Berg von Kleidungsstücken der Ehefrau das Paar vor weitere Probleme. Die Mietwohnung der beiden Eheleute ist mittlerweile durch die vollgestopften Kleiderschränke zu klein geworden und macht den Umzug in ein Haus notwendig.

Rudolf verdrängt seine Aggressionen über das Kauf- und Sammelverhalten seiner Frau, das zunehmend auch seine Lebensbereiche und Bedürfnisse einschränkt. Statt sich mit ihr über seinen Ärger auseinander zu setzen, vermeidet er jeglichen Streit und richtet seine Wut schließlich gegen sich selbst. Als Folge leidet er unter Stimmungsschwankungen und gelegentlichen Schlafstörungen. Rudolf weiß, dass seine Frau bisher den Vorschlag von Vertrauten, eine Therapie zu machen, heftigst abgelehnt hat. Er riskiert daher nicht, darauf zu bestehen, dass sie eine Therapie macht, damit sie ihre Probleme bewältigt und ihre alten Sachen schließlich wegwerfen kann. Vielmehr gestaltet er schließlich das Gästezimmer und den Dachboden seines Hauses zu weiteren Ankleideräumen um. Hier baut er neue Schränke auf, um die Kleidungsstücke seiner Frau lagern zu können. Darüber, dass er mit seinem Verhalten die schlechten Angewohnheiten seiner Frau noch unterstützt, ist er sich nicht im Klaren. Im Gegenteil: Beide Partner sind sich darin einig, dass Rudolf sehr großzügig, tolerant und verständnisvoll ist.

Würden beide Partner die notwendigen und richtigen Grenzen ziehen, wäre das Gleichgewicht in ihrer Beziehung bedroht. Dann müssten sich beide mit ihren schlechten Angewohnheiten auseinander setzen und sich verändern. Mit den Scheinlösungen wird für die beiden Partner der Hauptkonflikt und damit das Risiko einer Trennung vermieden.

Wie aus dem Beispiel hervorgeht, wird mit einer Scheinlösung sowie den bestehenden Symptomen der eigentliche Konflikt entschärft und auf eine andere Ebene gebracht. Der Preis für dieses Gleichgewicht in der Partnerschaft sind neben den beschriebenen Auswirkungen auch die Lebenslügen beider Partner. Solche Lebenslügen (Realitätsverzerrungen) werden von den Partnern häufig nicht als „Preis" erlebt. Im Gegenteil: Lebenslügen bewahren coabhängige Partner vor der Ernüchterung, die auftreten würde, wenn sie bestimmte Illusionen aufgeben müssten.

Häufig liegt hinter dem coabhängigen Verhalten eine **Beziehungssucht** verborgen. Dabei ist die Angst vor einer Trennung und dem Alleinsein so groß, dass ein Partner an der Beziehung mit aller Macht und „um jeden Preis" festhält, obwohl er bereits psychische und körperliche Beschwerden aufweist. Auch hierzu ein Beispiel:

Renate ist 48 Jahre alt und von Beruf Bürokauffrau. Sie lebt seit 10 Jahren mit ihrem 50jährigen Ehemann Walter (von Beruf Lehrer) zusammen. Nachdem die Beziehung in den ersten Jahren glücklich und harmonisch verlief, begann es vor einigen Jahren zu kriseln. Walter zeigte zunächst viele Unzufriedenheiten mit bestimmten Verhaltensweisen seiner Frau (er fühlte sich von ihr dominiert). Nachdem sich beide über geraume Zeit nicht über die strittigen Punkte auseinandersetzen konnten, ging Walter seiner Frau mehr und mehr aus dem Weg. Es gab keine gemeinsamen Aktivitäten mehr. Stattdessen machte sich eine Sprachlosigkeit in der Ehe breit. Walter distanzierte sich von Renate und betonte seine Freiheit. Seit geraumer Zeit lebt er nun sein eigenes Leben und blockt jegliche Annäherungsversuche von Renate ab. Ab und zu deutet Walter Trennungsgedanken an. Er möchte sich eine eigene Wohnung nehmen. Renate bemüht sich nach Kräften, ihren Mann zur „Einkehr" zu bringen. Sie leugnet vor sich selber und anderen die Trennungsabsichten ihres Mannes. Sie verdrängt die Zeichen ihrer kranken Ehe und frisst ihren Ärger in sich hinein. Die Freunde des Paares machen sich schließlich Sorgen um den gesundheitlichen und seelischen Zustand von Renate. Diese hat an Gewicht verloren und leidet unter Schlafstörungen und einer zunehmenden Deprimiertheit und Antriebsschwäche. Die

Freunde wissen längst, was Renate noch verdrängt: dass ihr Mann bereits eine neue Freundin hat. Selbst als ihr Hausarzt ihr rät, ihren Partner „gehen zu lassen", lenkt sie von dem Problem ab und verleugnet die Realität in ihrer Partnerschaft. Durch das „Festhalten um jeden Preis" werden ihre seelischen Beschwerden schließlich so massiv, dass ihr Arzt ihr eine ambulante Therapie empfiehlt.

In dem genannten Beispiel wird durch die Trennungsabsichten des Ehemannes und das Verhalten von Renate offensichtlich, wie sehr sie „um jeden Preis" an ihrer Partnerschaft festhält. In anderen Fällen läuft die Beziehungssucht jedoch eher verdeckt ab. Dies ist z. B. in den Partnerschaften der Fall, die so lange fortbestehen und bei oberflächlicher Betrachtung gut laufen, wie sich beide an die jeweiligen Spielregeln und Rollen halten – z. B. ein Partner sich ausbeuten oder unterdrücken lässt bzw. dem anderen angesichts seiner schlechten Angewohnheiten keine Grenze (Forderung) zieht. Bricht einer aus dem Muster aus, ist das „Spiel" häufig vorbei. Der Vollständigkeit halber sei darauf hingewiesen, dass beziehungssüchtiges Verhalten nicht nur in Partnerschaften auftritt. Dieses Verhaltensmuster kann sich in allen menschlichen Beziehungen manifestieren.

Coabhängige Verstrickungen wie auch beziehungssüchtige Verhaltensmuster bedürfen in der Regel professioneller Unterstützung, um diese Muster aufzulösen und durch gesündere zu ersetzen.

Sexualität

Sexuelle Probleme sind häufig Folge einer Beziehungsstörung. Andererseits können sie auch isoliert bei sonst intakter Partnerschaft auftreten. In der Regel kann man aber von einer Wechselwirkung ausgehen, die zwischen partnerschaftlicher Harmonie und einer Sexualstörung besteht. D. h., ein langfristig ungelöstes sexuelles Problem kann die Harmonie in der Beziehung mit der Zeit beeinträchtigen; umgekehrt trägt ein Partnerkonflikt häufig zur Entstehung und Verfestigung einer sexuellen Problematik bei.

Sexuelle Probleme – allen voran das Problem der Lustlosigkeit – beunruhigen Paare heute stärker als früher.

Eine zentrale Ursache hierfür liegt darin, dass an Partnerschaft und Sexualität heute vor allem *emotionale Ansprüche* gestellt werden. Gefühle sind jedoch nicht stabil und unterliegen Schwankungen. Die Kluft zwischen

Wunsch und Wirklichkeit und eine Überfrachtung unserer Beziehungen mit falschen Erwartungen – was durch die Medien maßgeblich gefördert wird – macht Sexualität heute anfälliger für Unzufriedenheit und Probleme.

Erwartet beispielsweise ein Paar, dass das anfängliche Gefühl intensiven Verliebtseins, verbunden mit den aufregenden sexuellen Kontakten, über die Jahre andauert, so führt eine sexuelle Lustlosigkeit häufig zu einer Beunruhigung der Partner. Der Anfangsrausch der intensiven Verliebtheit lässt sich jedoch auf die Dauer nicht aufrechterhalten. Wird dies nicht erkannt und akzeptiert, so stellt ein Paar bei auftretender Lustlosigkeit häufig nicht nur die Sexualität, sondern oft gleich die ganze Beziehung in Frage. Der größte Anteil der sexuell „Lustlosen" wird durch berufstätige Paare gebildet. Karriere, Haushalt, Berufsstress und Kindererziehung lassen im Alltag nicht das zu, was für eine zufrieden stellende Sexualität vor allem vonnöten ist, nämlich eine entspannte Atmosphäre. Werden diese äußeren Faktoren und Einflüsse auf die Sexualität nicht erkannt und besteht darüber hinaus die Erwartung, dass der leidenschaftliche Anfangsrausch der Sexualität den Alltagsstress überstehen und überdauern muss, so können sich vor diesem Hintergrund sexuelle Funktionsstörungen entwickeln.

Das bedeutet: Der Körper kann schließlich streiken, wenn Paare sich aus den genannten oder aus anderen Gründen zur Sexualität zwingen.

Die meisten haben heutzutage verlernt, die Reaktionen ihres Körpers zu erkennen und über Sexualität zu reden. Aber gerade die sexuelle Störung drückt sich in einer Körpersprache aus. Der Körper zeigt dabei stellvertretend für die Psyche des Menschen sein Unbehagen oder seine Verweigerung und zieht nicht zuletzt für ihn eine Grenze. Signalisiert der Körper z. B. Lustlosigkeit, kann das Paar nach psychosozialen Gründen (z. B. zu viel Arbeit) Ausschau halten. Oder die Partner sollten lernen, dass die anfängliche Phase der Verliebtheit in ein konstanteres, ruhigeres Stadium der Beziehung übergeht, das auch gefühlsmäßige Schwankungen tolerieren muss. So können auch viele andere Ursachen aus der Körpersprache „herausgehört" werden.

Neben unrealistischen Erwartungen (wie z. B. der Gedanke, einen Höhepunkt haben zu **müssen**) sowie äußeren Störfaktoren (wie z. B. zu wenig Zeit) können auch andere Faktoren die Entstehung sexueller Probleme fördern; so etwa tief sitzende Ängste, falsche Vorstellungen von Sexualität, aber auch Wissensdefizite und vor allem die Art des Umgangs mit auftretenden sexuellen Problemen in der Partnerschaft. Zusätzlich können sexuelle Grenzverletzungen und Missbräuche, die jemand in seiner früheren Partnerschaft bzw. in seiner Kindheit oder Jugend erlitten hat, die Entstehung sexueller Probleme begünstigen.

Abgesehen von der bereits erwähnten sexuellen Lustlosigkeit können Sexualstörungen noch in anderer Weise auftreten. Beim Mann zeigen sich sexuelle Probleme vor allem in Form von Störungen der Erektion sowie in Form von Störungen der Ejakulation (Samenerguss).

Bei der Frau kann es neben der Lustlosigkeit auch zu Störungen der sexuellen Erregbarkeit und Orgasmusstörungen kommen.

In der Regel sind die Ursachen für diese Probleme psychischer Natur. Organische Ursachen sollten jedoch zunächst abgeklärt werden.

Bei einer behandlungsbedürftigen sexuellen Störung wirken meistens mehrere Faktoren zusammen. Eine Analyse hat die Erfahrungen beider Partner aus den verschiedenen Lebensabschnitten zu berücksichtigen: So sollte z. B. der Frage nachgegangen werden, welche Partnerkonflikte sich in der sexuellen Störung ausdrücken und welche Ängste und Konflikte des Einzelnen hierin begründet sind.

Professionelle Hilfe ist nicht bei allen sexuellen Problemen angezeigt. Häufig reicht bereits ein Gespräch mit Freunden oder ein populärwissenschaftliches Buch zum Thema. Bei Schwierigkeiten, die im Zusammenhang mit den ersten sexuellen Erfahrungen auftreten (sog. Initialstörungen), können Informations- bzw. Beratungsgespräche bei einer Beratungsstelle, wie z. B. „PRO FAMILIA", vollkommen ausreichend sein.

Entscheidend für das Verständnis und die Bewältigung der jeweiligen sexuellen Problematik ist, dass das Paar über seine Schwierigkeiten kommunizieren lernt, und dass sich beide Partner für die Lösung ihres gemeinsamen Problems verantwortlich und zuständig fühlen.

In der folgenden Abbildung sind die zentralen Problembereiche von Partnerkonflikten noch einmal grafisch zusammengestellt.

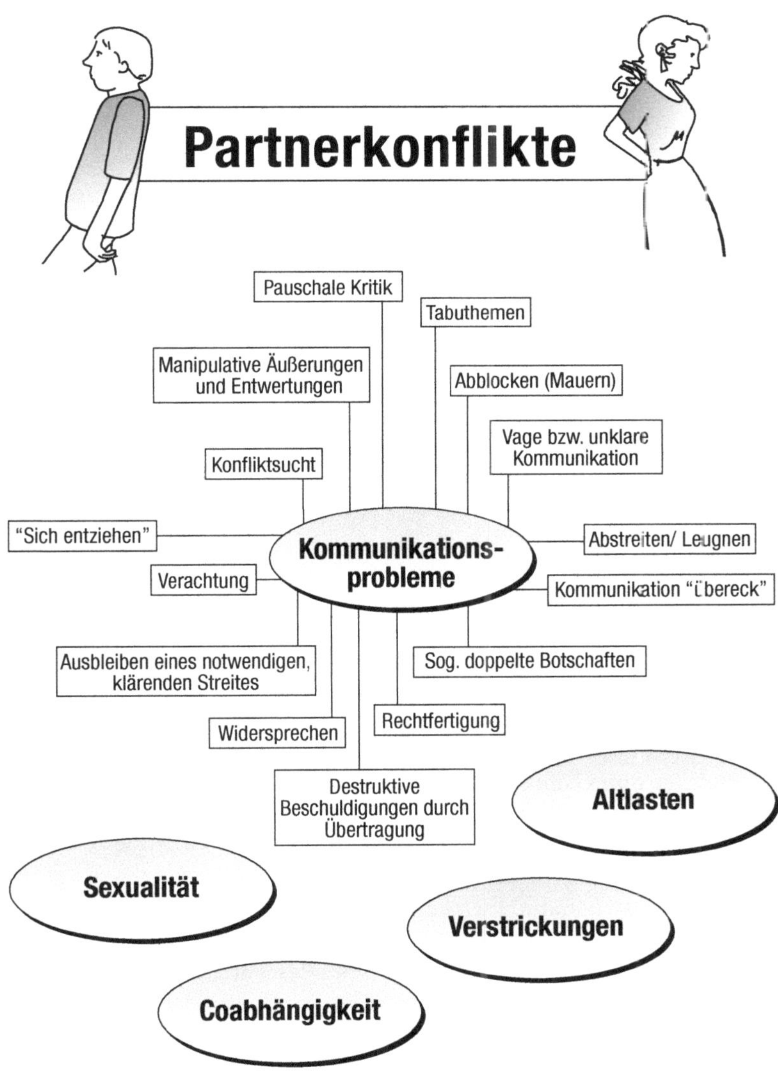

Abb. 2: Partnerkonflikte

Wann ist eine Beziehung gefährdet?

Nachdem ich Ihnen, liebe Leserin und lieber Leser, eine Menge Informationen zu unterschiedlichen Bereichen der Partnerschaft gegeben habe, möchte ich nun einige Kennzeichen näher beleuchten, die auf eine gefährdete Beziehung hinweisen. Paartherapeuten und Wissenschaftler haben diese Kriterien erarbeitet, die im Falle einer negativen Polarisierung als Anzeichen dafür gewertet werden können, dass etwas in der Beziehung nicht stimmt und die Partnerschaft gefährdet ist. Die Ausführungen geben Ihnen die Möglichkeit, sich über Ihre eigene Beziehung mehr Klarheit zu verschaffen – wo Sie stehen und wie es um Ihre Partnerschaft bestellt ist.

1. Hohe versus geringe Einsatzbereitschaft

Wie steht es um die Einsatzbereitschaft Ihres Partners? Es kann unterschieden werden zwischen Partnern mit hoher und Partnern mit geringer Einsatzbereitschaft.

Partner mit hoher Einsatzbereitschaft beziehen den anderen in wichtige Entscheidungen ein, halten Versprechungen und zeigen implizit, wie selbstverständlich für sie der Fortbestand der Beziehung ist.

Einen Partner mit geringer Einsatzbereitschaft erkennt man z. B. daran, dass er „einsame" Entscheidungen trifft, in die er den anderen nicht einbezieht, dass er häufig von Trennung spricht und nicht für den anderen mitdenkt bzw. mitplant.

Wie steht es umgekehrt mit Ihrer Einsatzbereitschaft? Würden Sie diese als eher hoch oder gering einschätzen?

2. Loyalität versus Illoyalität

Loyal ist ein Partner, der die Interessen und Bedürfnisse des anderen ernst nimmt, sich auf dessen Seite stellt und ihn in seine Entscheidungen einbezieht. Illoyal ist, wer sich nicht auf die Seite des Partners stellt, bei Dritten schlecht über ihn redet, wer nicht bereit ist, seine Untreue aufzugeben, und falsche Prioritäten setzt. Letzteres zeigt sich darin, dass er sich den Bedürfnissen seines Partners verweigert, etwa mit der Begründung, die Arbeit habe nun einmal Vorrang, und die Wünsche und Bedürfnisse anderer (z. B. der eigenen Eltern) wichtiger nimmt als die Bedürfnisse des Lebensgefährten.

3. Freiraum versus Verunsicherung und Einengung

Die entscheidende Frage für die verschiedenen Lebensbereiche lautet hier: Wie frei und sicher fühle ich mich mit meinem Partner? Kann ich das sagen, was mir wichtig ist, ohne befürchten zu müssen, dass der Partner gekränkt oder wütend reagiert? Fühle ich mich auch dann noch sicher, wenn ich ihn mit bestimmten Wahrheiten konfrontiere? Oder muss ich dann eine Disharmonie befürchten bzw. damit rechnen, dass er mit Trennung droht?

Wenn Sie Angst haben müssen, Aktivitäten und Kontakten allein nachzugehen, weil Sie negative Konsequenzen Ihres Partners befürchten (wie Beleidigtsein), oder wenn Sie Angst haben, Ihre Meinung zu sagen (und riskieren, dass er Sie heruntermacht), dann haben sie in Ihrer Partnerschaft keinen sicheren Ort.

4. Respekt versus Respektlosigkeit

Bei einem respektvollen Umgang mit Ihrem Partner werden Sie dessen Grenzen und seine Würde achten. Respekt zeigt sich auch darin, dass man dem Partner seine Verantwortung belässt und ihn als Mensch nicht verletzt und heruntermacht.

Respektlosigkeit kann sich in offenen oder versteckten Abwertungen zeigen, in massiven Grenzverletzungen („Du bist ein Trottel!") oder vermeintlich gut gemeinten erzieherischen Maßnahmen und Verhaltensmaßregeln (etwa „Wasch dich erst mal!" oder „Lass mich das erledigen, du bist zu langsam!") und ebenso in Entscheidungen, die der Partner für den anderen trifft, ohne ihn in den Entscheidungsprozess einbezogen zu haben („Ich habe dich zu einem Englischkurs angemeldet"). Als Folge dieser Formen von Respektlosigkeit fühlt sich der Betroffene häufig „klein" und minderwertig.

5. Vorhandene versus verlorene Achtung

Sie werden einen Partner noch am ehesten achten, wenn sich dieser verantwortungsbewusst und umsichtig verhält und wenn er bei Problemen konstruktiv und vernünftig reagiert (z. B. die Kontrolle über sich behält und einen „kühlen Kopf" bewahrt, statt zu explodieren).

Stellen Sie sich angesichts diverser schlechter Angewohnheiten oder Missstände Ihres Partners umgekehrt die Frage: Kann ich ihn noch achten? Ohne gegenseitige Achtung ist eine gesunde Beziehung nicht möglich. Ist Ihr Partner nie erwachsen geworden oder hat nie wirklich Verantwortung für sein Leben übernommen? – Leidet er bei kleineren Problemen unter Kontrollverlust, indem er explodiert und jähzornig wird? Oder betäubt er sich häufig mit Drogen oder Alkohol (und weiß möglicherweise dann nicht mehr, was er tut)? Sollten derartige oder vergleichbare Dinge zutreffend sein, glauben Sie dann noch, dass es Ihnen möglich sein wird, Ihren Partner wirklich zu respektieren?

6. Einbeziehung des Partners versus „innere Abkehr" und geheime Pläne

Bei einer intakten Beziehung wird Ihr Partner Sie ganz selbstverständlich in wichtige Entscheidungen und Pläne einbeziehen. Finden sich umgekehrt Zeichen für „innere Kündigungen" der Partnerschaft, bei denen sich manchmal einer der Partner schon über lange Zeit innerlich distanziert bzw. trennt, so ist die Partnerschaft in der Folge stark gefährdet. Dies kann geschehen, indem er Entscheidungen und Lebenspläne ohne Einbeziehung des anderen trifft (wie z. B. die Stelle zu wechseln oder umzuziehen).

7. Übereinstimmungen versus gravierende Unterschiede in der Lebensplanung

Gemeinsame Lebensplanung ist sinnvoll, um der Partnerschaft durch gemeinsame Ziele einen Sinn zu verleihen. Übereinstimmungen in der Lebensplanung nehmen den Partnern einiges an Konfliktpotenzial und schaffen darüber hinaus Verbundenheit und Nähe.

Gravierende Unterschiede in der Lebensplanung können sich etwa an der Frage nach dem Kinderwunsch festmachen. Andere Beispiele finden sich bei unterschiedlichen Vorstellungen und Bedürfnissen der Partner über berufliche Tätigkeiten. Konflikte und Reibereien können auch dadurch begünstigt werden, dass konträre Bedürfnisse hinsichtlich Geselligkeit und Aktivitäten bestehen. Hier sind Kompromisse aber noch am ehesten möglich.

8. Vorhandene versus fehlende Gemeinsamkeit

Gemeinsamkeit besteht dann in Ihrer Partnerschaft, wenn Sie sich mit Ihrem Partner über gemeinsame Interessen austauschen oder gemeinsame Aktivitäten pflegen können.

Wenn Sie sich mit Ihrem Partner dagegen kaum noch über gemeinsame Themen austauschen und/oder mit ihm wenig/nichts mehr zusammen unternehmen, dann ist dies als fehlende Gemeinsamkeit zu werten und als ein gravierendes Problem in Ihrer Beziehung.

9. Humor versus Mangel an Humor

Können Sie mit Ihrem Partner über viele Dinge lachen und scherzen, so verleiht dies Ihrer Partnerschaft eine gewisse Leichtigkeit. Konflikte sind dann häufig weniger bedrohlich.

Wenn Humor und das Lachen in der Partnerschaft dagegen verloren gegangen sind, so dass viele Alltagsprobleme und Schwächen mehr in ihrer Schwere und Ernsthaftigkeit dominieren, so ist dies ebenfalls alarmierend für die Beziehung.

10. Körperlicher Kontakt versus körperliche Distanzierung

Wenn Sie sich in der Partnerschaft gerne berühren, streicheln oder umarmen, so ist dies als weiteres Zeichen für eine intakte Partnerschaft zu werten.

Empfindet hingegen einer der Partner Abneigung gegen körperliche Berührung oder wollen beide Partner sich nicht mehr berühren, so kann dies ein zusätzlicher Hinweis sein, dass die Beziehung gefährdet ist (z. B. nachlassendes Schmusen oder weniger werdende Sexualität).

Wie Sie sicher festgestellt haben, überlappen sich einige der genannten Kriterien. Ein Check-up gibt Ihnen die Möglichkeit, festzustellen, wie zufrieden stellend oder unbefriedigend Ihre Partnerschaft ist. Sollten Sie sich in einem oder mehreren dieser Punkte auf der „Negativ"-Seite wiederfinden, dann kann Ihre Beziehung gefährdet sein. In diesem Fall möchte ich Ihnen Mut machen, sich mit den bestehenden Problemen in Ihrer Beziehung auseinander zu setzen. Eine Lösung ist möglich, wenn Sie bereit sind, daran zu arbeiten. Bei der Klärung einer Beziehungskrise sollten Sie vermeiden, die Schuldfrage zu erheben oder von „Wer hat Recht/Unrecht?" – „Wer ist hier gut/böse?" zu sprechen. Einige jenseits von emotionalen (Alt-) Lasten gestellte sachliche Fragen wie „Wo stehen wir?" und „Was ist jeder von uns bereit, für die Beziehung zu investieren?" – und nicht zuletzt „Was habe ich bzw. was haben wir bisher unternommen, um unsere Beziehung zu retten?" dürften eher zu einer konstruktiven Standortbestimmung Ihrer Partnerschaft führen.

Zusammenfassung

Es gibt verschiedene Kriterien, die – im Falle einer negativen Polarisierung – als Anzeichen gewertet werden können, dass die Partnerschaft gefährdet ist. Folgende Merkmale werden vorgestellt:

1. *Geringe Einsatzbereitschaft:*
   Partner mit geringer Einsatzbereitschaft beziehen den anderen nicht in Entscheidungen ein, sprechen von Trennung bzw. denken nicht für den anderen mit.

2. *Illoyalität:*
   Illoyal ist ein Partner, der sich nicht auf die Seite des anderen stellt und der sich dessen Bedürfnissen verweigert.
3. *Verunsicherung und Einengung:*
   Dieses Merkmal liegt z. B. vor, wenn ein Partner seinen Kontakten und Aktivitäten nicht allein nachgehen kann, weil er negative Konsequenzen des anderen befürchten muss; ebenso wenn er sich in seiner Partnerschaft nicht sicher fühlen kann, die Wahrheit zu sagen.
4. *Respektlosigkeit:*
   Hier geht es um Abwertungen bzw. Verhaltensmaßregeln des Partners.
5. *Verlorene Achtung:*
   Verliert ein Partner rasch die Kontrolle über sich oder betäubt sich mit Alkohol oder Drogen, so geht die Achtung ihm gegenüber verloren.
6. *„Innere Abkehr" und geheime Pläne:*
   Dieses Kriterium liegt in Partnerschaften vor, in denen ein Partner sich innerlich schon längst distanziert hat und „einsame Entscheidungen" trifft.
7. *Gravierende Unterschiede in der Lebensplanung:*
   Bei diesem Merkmal stimmen zentrale Interessen und Bedürfnisse der Partner nicht überein.
8. *Fehlende Gemeinsamkeit:*
   Die Partner tauschen sich in diesem Fall kaum noch aus bzw. haben so gut wie keine gemeinsamen Aktivitäten mehr.
9. *Mangel an Humor:*
   Den beiden Partnern ist der Sinn für die komischen Dinge des Alltags und das Lachen abhanden gekommen.
10. *Körperliche Distanzierung:*
    Nachlassender Körperkontakt, wie nachlassendes Schmusen, ist ein Hinweis dafür, dass etwas in der Beziehung nicht stimmt.

Nachdem Ihnen nun verschiedene Kriterien aufgezeigt wurden, die auf eine Gefährdung der Partnerschaft hindeuten, kann es interessant sein, diese mit den anfangs illustrierten Prüfsteinen für eine glückliche Beziehung zu vergleichen. Die folgenden Abbildungen zeigen eine grafische Zusammenfassung und Gegenüberstellung:

Abb. 3: Prüfsteine für eine glückliche Partnerschaft

Abb. 4: Wann ist eine Beziehung gefährdet?

Trennung als letzte Konsequenz

Liegt eines bzw. liegen mehrere der o. g. Kriterien in einer negativen Polarisierung vor, und hat ein Paar trotz Selbsthilfebemühungen oder therapeutischer Hilfe keine Lösung gefunden, kann in manchen Fällen eine Trennung ratsam, in anderen sogar unumgänglich sein.

In nahezu jeder Beziehung gibt es Phasen, in denen die Partner zweifeln und an Trennung denken. Dies ist ganz verständlich, vor allem, wenn man bedenkt, dass es in jeder Partnerschaft auch schwere Zeiten gibt. Solche Phasen können jedoch nicht gleich mit einer Trennung beantwortet werden, gilt es doch, derartige Krisen gemeinsam zu bewältigen und durchzustehen.

Gerät eine Partnerschaft infolge von Krisen und Enttäuschungen oder nie enden wollenden Streitens in eine Sackgasse, so erscheint Trennung häufig als bester Ausweg. Die Frage, ob eine Trennung eine sinnvolle Lösung ist oder aber eher einer Flucht gleichkommt, ist im Einzelfall sorgfältig zu prüfen. Zu leicht und verlockend klingt da manches Mal der Ratschlag von Freunden und Verwandten: „Ja wenn das so gelaufen ist, dann trenn dich doch!", die oft nur einen Teil oder die Oberfläche des Problems kennen bzw. geschildert bekommen. Der oder die Betroffene blendet bei der Wahrnehmung und Schilderung des Problems häufig selber das Wesentliche aus und neigt dazu, Auslöser des Problems mit Ursachen zu verwechseln und die Krise zur Schuldfrage zu machen.

So im Fall von Simone (54 Jahre) und ihrem Mann Friedrich (58 Jahre), die sich vor einem Jahr getrennt haben. Simone erklärt sich das Scheitern ihrer Beziehung damit, dass ihr Mann während der Ehe untreu wurde und nun mit seiner neuen Lebensgefährtin zusammenlebt. Sie richtet ihre Wut abwechselnd auf ihren Mann und auf seine Freundin. Sie selber erlebt sich als Opfer der Untreue ihres Mannes und ist fest davon überzeugt, dass sie noch immer mit ihm zusammen wäre, wenn er nicht besagte Frau kennen gelernt hätte. Inzwischen richtet Simone stellvertretend durch Anwälte und Gerichtsprozesse sowie in Form immer höherer Unterhaltforderungen ihre Wut gegen ihren Mann. Sie schreckt auch nicht davor zurück, ihre Kinder gegen ihren Mann wie auch gegen seine neue Lebensgefährtin aufzuwiegeln. Diese empfinden Mitleid mit Simone (ihrer Mutter). Zum Vater haben sie inzwischen ein Feindbild aufgebaut und den Kontakt zu ihm abgebrochen. Friedrich begibt sich wegen Stimmungsschwankungen und starker Schuldgefühle schließlich in ambulante psychologische Behandlung. Auch er hat die Trennung nicht verarbeitet. Durch die Schuldzuweisungen von Frau und Kindern sieht er sich in der Rolle des „Verräters", der seine Familie verlassen hat. Hierdurch ist auch seine neue Beziehung überschattet. In der Therapie werden einige tiefere Ursachen für die Trennung deutlich, die sowohl Friedrich als auch seine Frau ausgeblendet haben. In der Ehe gab es keine Streitkultur. Beide Partner ließen wechselseitig die schlechten Angewohnheiten des anderen durchgehen, ohne sich Grenzen zu setzen und Forderungen zu stellen (coabhängige Verstrickung). Zum anderen gab es beiderseitigen Vertrauensmissbrauch und eine zunehmende Respektlosigkeit in der Ehe. Statt die Konflikte durch Auseinandersetzungen zu lösen, entstand allmählich ein Berg von Altlasten. Dieser wurde zuletzt zu einem wahren Sprengsatz für die Ehe. Die letzten Jahre in der Partnerschaft waren durch die Sprachlosigkeit der Partner gekennzeichnet. Beide gingen immer mehr eigene Wege und vermieden, heikle Punkte anzusprechen. Vor dem Hintergrund dieser Eheprobleme war Friedrich zum Zeitpunkt des Kennenlernens seiner jetzigen Lebensgefährtin empfänglich für eine „neue Liebe". Im Nachhinein, so muss er sich eingestehen, wäre er gegen Ende seiner Ehe auch nicht mehr bereit gewesen, sich mit seiner Frau um eine Lösung der stark verdrängten Konflikte zu bemühen. Die neue Beziehung stellte für ihn damit auch eine Flucht vor der eigentlich anstehenden Bewältigung der Konflikte mit seiner Frau dar.

Das Beispiel der Trennung von Simone und ihrem Mann verweist auch auf einen weiteren Aspekt:

Eine Außenbeziehung bzw. das Fremdgehen eines Partners ist in aller Regel der *Auslöser*, aber *nicht die Ursache* einer Trennung. Führt die Untreue eines Partners zur Trennung, so liegen die wirklichen Ursachen für das Scheitern der Beziehung fast immer tiefer.

Wie bereits an anderer Stelle beschrieben wurde, vollziehen viele Paare eine Trennung, nachdem das anfängliche Glück überschattet wurde von Kindheitserfahrungen, die sich in der Partnerschaft fortsetzen und wiederholen. Diese tieferen Ursachen werden in aller Regel jedoch nicht erkannt. Wird die Verantwortung für die hiermit einhergehenden Gefühle und Probleme und deren Lösung nicht selber übernommen, sondern auf den Partner übertragen, so ist die Beziehung in Gefahr. Für den Prozess solch einer Verantwortungsübernahme und der daraus resultierenden Veränderung ist eine Therapie manchmal unentbehrlich.

Unter diesem Gesichtspunkt ist es natürlich ein Jammer, wie viele Paare an genau dem Punkt, wo derartige Themen ihrer Vergangenheit in der Beziehung wieder auftauchen, eine Trennung anstreben.

Untersuchungen weisen darauf hin, dass Partner in unglücklichen Beziehungen manchmal nur noch aufgrund von Schuldgefühlen zusammenbleiben. Diese Partner gehen davon aus, dass es den Kindern bei einer Trennung schlechter gehen würde. Das Gegenteil ist jedoch der Fall. Es konnte nachgewiesen werden, dass Kinder stärker leiden und oft nachhaltige Probleme entwickeln, wenn die Eltern in unglücklichen Beziehungen verharren. Zwar leiden Kinder verständlicherweise einige Zeit, sie kommen aber vor allem dann verhältnismäßig gut mit der Trennung bzw. Scheidung zurecht, wenn die Ehe der Eltern eine regelrechte Katastrophe war.

Die Komplexität der Trennungsproblematik birgt jedoch auch die andere Seite in sich. Da finden sich die zahllosen trostlosen und zerrütteten Beziehungen, in denen die Partner trotz der dringend notwendigen Trennung zu einer solchen nicht bereit sind oder diese Möglichkeit schlichtweg ausblenden. Dabei können tief sitzende Trennungsängste und auch Angst vor dem Alleinsein ihren Ausdruck in beziehungssüchtigem Verhalten finden. Ein Festhalten an der Partnerschaft „um jeden Preis" ist dann die Folge (auf diesen Aspekt wurde bereits in dem Kapitel über Coabhängigkeit in Beziehungen eingegangen). *Ein* Preis besteht häufig darin, dass der beziehungssüchtige Partner sich selber und die Kinder nicht schützen kann (etwa vor dem respektlosen Verhalten des Partners) und er selber, ggf. auch die Kinder bereits schwere seelische oder körperliche Probleme entwickelt haben.

In diesem Zusammenhang sei noch einmal an Folgendes erinnert: Die meisten Muster und Probleme aus der ersten Ehe wiederholen sich in der zweiten Ehe, so z. B. der Umgang mit Konflikten und Aggressionen. Untersuchungen zufolge ist die Scheidungsquote bei zweiten Ehen höher als bei Erst-Ehen. Das bedeutet auch, dass sich die Hoffnung, dass „beim nächsten Partner alles anders wird", oft als trügerisch erweist. Die ungelösten Konflikte und der „Schatten der Vergangenheit" werden häufig in die nächste Beziehung mitgenommen.

Wenn wir dementsprechend versuchen, Fragen, wie z. B. „Trennung als Ausweg?" oder „Wann ist es Zeit, zu gehen?", zu beantworten, so sollte deutlich geworden sein, dass es darauf keine globale und schon gar nicht rasche Antwort geben kann. Wohl aber dürfte die Komplexität der Problematik bei der Suche nach einer Antwort klarer geworden sein. Sollten Sie selber bei einer Beziehungskrise eine Trennung beabsichtigen und zu einer eher einseitigen oder oberflächlichen Wahrnehmung der Gründe neigen, so ist es bereits hilfreich, sich die Tatsache zu vergegenwärtigen, dass die wirklichen Gründe in der Regel komplexerer Natur sind, als Sie dies im Moment möglicherweise annehmen. Dieser Schritt kann einen Suchprozess nach den tatsächlichen, tieferen Gründen anregen.

Scheiden tut weh: Ein Blick auf die jeweiligen Konsequenzen von konstruktiv gelösten versus destruktiv vollzogenen Trennungen

Eine Beziehung ist gescheitert, die Entscheidung steht fest – „Wir trennen uns!" Was gilt es zu beachten?

Eine Trennung ist in der Regel eine schmerzliche Angelegenheit. Ein französisches Sprichwort unterstreicht dies: – „Partir, c'est mourir un peu." – „Abschied nehmen ist ein bisschen wie sterben."

Dass eine Trennung weh tut, ist verständlich. Sie muss jedoch keineswegs eine Belastung *bleiben*.

In vielen Fällen wirkt sich eine Trennung ungünstig, manchmal geradezu verheerend auf die Partner, auf eine neue Partnerschaft sowie auf die Kinder aus. Dies ist aber nicht zwangsläufig so. Wenn ein Paar sich trennt, so hat es eine Wahl. Die Partner können sich so oder so trennen – einvernehmlich und konstruktiv oder aber destruktiv. Und diese beiden grundverschiedenen Richtungen stellen entscheidende Weichen für das Wohlergehen der Partner, der Kinder sowie für eine neue Partnerschaft.

Lassen Sie uns zunächst die Merkmale, Voraussetzungen und Folgen einer konstruktiv gelösten Trennung betrachten.

Eines der Hauptkennzeichen einer reifen, konstruktiven Trennung ist der respektvolle Umgang der Partner miteinander, sowohl während als auch nach der Trennung. Die Partner haben kein Interesse daran, sich zu bekämpfen oder einseitig Schuld zuzuweisen. Vielmehr sind sie bereit, Mitverantwortung für die Trennung zu übernehmen und die Interessen aller Beteiligten –

nicht zuletzt auch die der Kinder – im Auge zu behalten. Ebenso beziehen sie die Konsequenzen bei jedem Schritt ein, was das Aushandeln von Lösungen im Zusammenhang mit den unterschiedlichen Interessen betrifft.

Ob solch ein konstruktiver Schritt vollzogen wird, hängt vorrangig davon ab, wie gut die Verarbeitung der Trennung gelingt. Und nicht zuletzt, ob die Partner zu einer angemessenen Verarbeitung derselben überhaupt bereit sind. Hat ein Partner die Beziehung sowie die Trennung verarbeitet, wirkt sich dies nicht nur günstig für sein eigenes Wohlergehen aus. Auch die Kinder und eine neue Partnerschaft profitieren hiervon maßgeblich.

Was macht nun eine angemessene Verarbeitung einer Trennung aus? Sollen die Trennung und die schmerzlichen Gefühle nicht verdrängt, sondern verarbeitet werden, so sollte sich der Betreffende noch einmal mit seiner Partnerschaft auseinander setzen. Selbsthilfeliteratur wie auch fachliche Unterstützung können dabei wertvolle Hilfe leisten. Die Trennungsverarbeitung vollzieht sich über einen zeitlichen Prozess (etwa ein Jahr oder auch länger), der verschiedene Stadien mit entsprechenden Anforderungen beinhaltet. Eine ganze Reihe aufbrechender Gefühle muss dabei zugelassen und nach und nach bewältigt werden. Zu den Gefühlen, die den Betroffenen am stärksten zu schaffen machen, können vor allem Trauer, Wut, Scham, Schuld, Ängste und Selbstzweifel zählen. Auch die Frage nach dem „Warum?" sollte in diesem Prozess geklärt werden. Erfahrungsgemäß trägt der Einzelne die Bürde der Trennung langfristig leichter, wenn er die Gründe hierfür kennt. Entscheidend dabei ist, dass der Partner für einen Teil der Gründe selber Verantwortung übernimmt. Den anderen Teil kann er an seinen Partner delegieren. Hat ein Partner im Zuge der Verarbeitung der Trennung z. B. realisiert, dass er selber in der Partnerschaft Auseinandersetzungen aus dem Weg ging und Ärger geschluckt hat, so hat er in einer neuen Partnerschaft die Chance, aus seinem alten Muster auszusteigen und an seinen Problemen zu arbeiten. Übernehmen im günstigsten Fall beide Partner Verantwortung für die Gründe der Trennung und können diese auch den Kindern gegenüber vertreten, so können die Kinder in mehrfacher Hinsicht hiervon profitieren:

- Die Kinder sind entlastet, indem sie nicht die Schuld bei einem Elternteil suchen und sich nicht verantwortlich für den anderen fühlen müssen (indem sie z. B. Mitleid mit dem Elternteil empfinden, der verlassen wurde, bzw. sich mit diesem Elternteil „verbünden").
- Können die Kinder beiden Elternteilen Verantwortung für die Trennung

übergeben, so ist es möglich, im Zuge der eigenen Trennungsbewältigung ihren Ärger und ihre Enttäuschung an *beide* Elternteile zu richten, wodurch eine gesunde Abgrenzung erreicht werden kann. Gleichzeitig wird hierdurch der Kontakt zu beiden Eltern noch am ehesten ermöglicht. Überträgt das Kind eine Mitschuld auf beide Elternteile, so kann es sich darüber hinaus von potenziellen eigenen Schuldgefühlen befreien.

Bei einer konstruktiv geregelten Trennung werden die Kinder also nicht gegen den anderen Partner aufgehetzt. Vielmehr wird auch in Gegenwart der Kinder noch respektvoll über den nicht anwesenden Elternteil geredet.

Lassen Sie uns anhand eines Fallbeispiels einen Blick auf eine konstruktiv vollzogene Trennung werfen:

Erika (44 Jahre) und ihr Exmann Ewald (47 Jahre) sind seit zwei Jahren geschieden. Ewald bat vor drei Jahren seine Frau um die Trennung, nachdem ihm bewusst geworden war, dass beide sich auseinander gelebt hatten. Gemeinsamkeiten mit seiner Frau wie auch Körperkontakt gab es zuletzt in der Beziehung so gut wie gar nicht mehr. Für eine Verbesserung der Beziehung fehlte ihm die Basis. Die innere Trennung war bei ihm unterschwellig schon zuvor über einen längeren Zeitraum abgelaufen. Obwohl Erika damals die Trennungsunwillige war, konnte sich das Paar schließlich auf eine konstruktive Trennung verständigen. Erika und Ewald fanden für sich die wichtigsten Gründe für die Trennung heraus. Erika realisierte ihren Anteil an den Beziehungsproblemen in einer Flucht in ihre Arbeit (Flucht vor Nähe zu ihrem Mann) bei gleichzeitiger Vermeidung der Auseinandersetzung mit den Partnerproblemen. Ewald erkannte seinen Anteil in einem Konfliktvermeidungsverhalten sowie seiner jahrelangen fehlenden Loyalität seiner Frau gegenüber.

Die beiden Partner ließen ihren Sohn Jan (6 Jahre) mit entscheiden, bei welchem Elternteil er leben wollte. Jan blieb bei der Mutter. Sie klärten ihn über die beiderseitigen wichtigsten Gründe der Trennung auf. Gleichzeitig vermittelten sie ihm, dass sie beide in der Elternrolle auch weiterhin für ihn da seien. Da es Erika und ihrem Mann gelang, die Interessen aller Beteiligten im Zuge der Trennung im Auge zu behalten und sie einen respektvollen Umgang miteinander bewahren konnten, vollzog sich auch die Scheidung unproblematisch. Die beiden Expartner stehen auch heute noch in Kontakt und beziehen sich gegenseitig in wichtige Entscheidungen ein, die den gemeinsamen Sohn Jan betreffen. Erika möchte derzeit keine neue Partnerschaft eingehen. Ewald wünscht sich langfristig eine neue Beziehung. Er ist sich jedoch darüber im Klaren, dass er in einer neuen Partnerschaft noch stark an seinen problematischen Mustern und Defiziten arbeiten müsste.

Manchmal wird eine angemessene Trennungsverarbeitung dadurch verhindert, dass sich ein Partner von einer (unglücklichen) Beziehung in die nächste stürzt. Dies kann Ausdruck von beziehungssüchtigem Verhalten sein: Ein Partner vermag dabei eine gestörte Beziehung nur loszulassen, wenn ein neuer Partner „winkt".

Leider mündet die Mehrheit der Trennungen nicht, wie oben beschrieben, in einen konstruktiven, sondern in einen destruktiven Trennungsprozess. Oft lässt die Art der Konfliktgestaltung in der Partnerschaft eine konstruktive Trennung erst gar nicht zu. Häufig kommunizieren die Partner im Trennungsprozess zuletzt nur noch über ihre Anwälte.

Werfen wir nun einen Blick auf einige Merkmale und den Preis einer destruktiven Trennung:

Mit dem Entschluss „Wir lassen uns scheiden!" ist in aller Regel die Hoffnung verbunden, einer oft langjährigen schmerzhaften Entwicklung ein Ende zu setzen. Die Hoffnung, dass mit und nach der Scheidung Ruhe einkehrt, ist jedoch in vielen Fällen trügerisch.

Häufig wird mit dem Entschluss einer Scheidung der Ehekampf nur auf eine andere Ebene verlagert – auf die juristische. So wissen gerade auch Juristen, dass Trauer, Wut, Ängste, Schuldgefühle und Hilflosigkeit die Konfliktparteien noch lange Zeit begleiten und verhindern, dass sie und ihre Kinder Trennung und Scheidung befriedigend bewältigen können. Anwälte sind verpflichtet, parteilich zu beraten. Sie dürfen dabei jeweils nur die Interessen ihres Mandanten oder ihrer Mandantin berücksichtigen und für diesen oder diese „das Bestmögliche" herausholen.

Die Folge davon ist häufig eine Eskalation des Konfliktes.

D. h. aber auch, nicht die befriedigende Auflösung der Ehe, die stabile Situation für beide Partner und die Kinder nach der Scheidung steht im Vordergrund. Vielmehr geht es darum, als „Gewinner" aus dem Scheidungsprozess hervorzugehen. Ob die gefundene Lösung überhaupt den eigenen Interessen entspricht, ob sie auf Dauer tragfähig ist, spielt dabei meist eine untergeordnete Rolle. Scheidung wird so für viele Paare zur „Lebensaufgabe", zum Trauma, das einen Neubeginn und eine wirkliche psychische Loslösung vom Partner verhindert. Dass dieser letzte Aspekt, d. h. das unzureichende Abschließen der alten Beziehung, eine außerordentlich ungünstige Voraussetzung für eine neue Partnerschaft darstellt, wurde bereits erwähnt.

Die hohe Zahl sog. Nachscheidungsprozesse, in denen Sorgerechts- und Unterhaltsregelungen angefochten werden, deutet darauf hin, dass mit dem Scheidungsurteil zwar eine Ehe getrennt wird, die Parteien aber immer noch im Konflikt einander verbunden bleiben.

Insbesondere für die Kinder wirkt sich eine destruktiv vollzogene Trennung häufig verheerend aus.

In destruktiven Trennungsfällen bringt häufig ein Elternteil das Kind gegen den anderen auf. Die negative Beeinflussung nimmt oft schon den Charakter einer „Gehirnwäsche" an. Diese Einflussnahme vollzieht sich in der Regel durch den ständig betreuenden Elternteil, der häufig Rachegefühle und Wut dem Expartner gegenüber empfindet. Der Entzug des Kindes ist die Vergeltung für das, was er ihnen angetan hat.

Im Unterschied zu einer angemessenen Trennungsverarbeitung, bei der die Partner selber Verantwortung für die Trennung übernehmen, gesteht sich im Falle einer destruktiven Trennung der Partner die eigene Verantwortung bzw. Schuld am Scheitern der Beziehung nicht ein. Stattdessen kommt es zu einer Übertragung der Schuld (Projektion): Der Partner macht allein den anderen verantwortlich. Der oder die „Ex" ist schuld an der Trennung, an Problemen des Kindes oder des betreuenden Elternteils. Das Kind wird gegen den Expartner aufgewiegelt und dahingehend manipuliert, ebenfalls nur einen zu beschuldigen, die Familie zerstört zu haben. Nicht selten bricht das Kind selber zuletzt den Kontakt zu dem Elternteil ab, gegen den es aufgehetzt wurde. Hinter dieser Haltung verbirgt sich ein langer Prozess, der das Kind extrem belastet und auch langfristig schwer wiegende Auswirkungen auf seine Psyche haben kann.

Die damit verbundene Störung hat auch einen Namen: „Syndrom der Elternentfremdung" (PAS: Parental Alienation Syndrome), definiert als die rigorose Abkehr eines Kindes von einem Elternteil bei gleichzeitiger Zuwendung zu dem Elternteil, bei dem es lebt. Die negative Einflussnahme vollzieht sich bei jüngeren Kindern aufgrund ihrer leichten Beeinflussbarkeit. Nicht zuletzt verhindert die Angst des betroffenen Kindes, nach der Trennung der Eltern nun auch noch den betreuenden Elternteil zu verärgern oder gar zu verlieren, dass dieses sich von der schädlichen Gehirnwäsche abgrenzen kann.

Unter den Folgen für das Kind sind folgende Merkmale hervorzuheben: Das Vertrauen in die eigenen Gefühle und die eigene Wahrnehmung wird untergraben, langfristig kann das spätere Beziehungsverhalten gestört bzw. stark beeinträchtigt sein.

Lassen Sie uns nun anhand eines Fallbeispiels einen Blick auf eine destruktiv vollzogene Trennung werfen:

Angela ist 45 Jahre alt und von Beruf Verkäuferin. Wegen Panikattacken begab sie sich in psychotherapeutische Behandlung. Angela erlitt in ihrer Kindheit einen sexuellen Missbrauch, den sie verdrängt hatte. In ähnlicher Weise verdrängte sie bisher in ihrer Ehe, dass ihr Mann Rüdiger (46 Jahre, Angestellter bei der Bahn) ein Alkoholproblem hat. Ebenso muss sie sich in ihrer Therapie eingestehen, dass er sie belügt: Angelas Fragen nach dem Zustandekommen seiner Schulden beantwortet Rüdiger über geraume Zeit immer wieder mit notwendigen Anschaffungen und Autoreparaturen. In Wirklichkeit – so erfährt sie schließlich von gemeinsamen Freunden – hat er seit Jahren gemeinsam mit diesen große Geldsummen in Spielkasinos verspielt. Nachdem sie diese Dinge für sich erkannt hat und sich insgesamt stärker fühlt, ist sie schließlich in der Lage, ihren Mann mit seinen Missständen zu konfrontieren. Sie zieht ihm eine Grenze. Dabei fordert sie ihn auf, selber eine Therapie zu absolvieren und sein Alkoholproblem zu bewältigen, um anschließend mit ihr eine Paartherapie aufzunehmen. Sie sagt ihm klipp und klar, dass sie sich trennen werde, wenn er hierzu nicht bereit sei. Rüdiger, der seine Probleme verharmlost, begibt sich schließlich in stationäre Therapie (Suchtklinik).

Nach einigen Wochen bricht er die stationäre Behandlung ab, fängt wieder an zu trinken und schimpft über die Therapeuten in der Klinik sowie über die Behandlung seiner Frau. Die Partner sind inzwischen getrennt – eine Einzeltherapie des Partners sowie eine Paartherapie waren aufgrund der fehlenden Voraussetzungen auf Seiten des Mannes von vornherein zum Scheitern verurteilt, damit leider auch eine konstruktive Trennung. Ein über Jahre andauernder Austausch von Aggressionen erfolgt über Anwälte und Gerichtsprozesse, ferner über Drohbriefe des Mannes. Die beiden Töchter (10 Jahre und 8 Jahre) werden fortlaufend von ihrem Vater in Form einer regelrechten Gehirnwäsche instrumentalisiert und gegen die Mutter aufgehetzt. Dabei wird den Kindern z. B. eingeredet, dass die Mutter die Familie zerstört und verlassen habe. Die Kinder empfinden Mitleid mit ihrem Vater, der vorgibt, kein Geld mehr zum Leben zu haben, da er sein Einkommen nun an die Mutter abtreten müsse. Die beiden Töchter, die bei der Mutter leben, stehen über lange Zeit zwischen zwei Stühlen. Sie leiden unter Schuldgefühlen, weil sie dem Vater nicht helfen können. Jahrelang fühlen sie sich zwischen beiden Elternteilen hin und her gerissen. Sie brechen aus eigener Initiative – innerlich zerknirscht und weiterhin voller Schuldgefühle – den Kontakt zum Vater schließlich ab, nachdem sich dieser zuletzt immer weniger um sie gekümmert hat. Angela empfindet die über Jahre sich hinziehenden Gerichtsprozesse und die dortige Gegenüberstellung mit ihrem Mann als „ein weiteres Trauma in ihrem Leben", das eine wirkliche Ablösung von ihm massiv erschwert.

Die enorm hohen emotionalen und finanziellen Kosten einer Scheidung verweisen auf einen weiteren Aspekt. Paare empfinden eine Art Ohnmacht dem gerichtlichen Verfahren gegenüber. Sie beklagen häufig, dass sie selbst nicht mehr Herr der Situation seien und ihnen die Lösung des Konfliktes weggenommen würde. Hier zeigt sich eine Diskrepanz zwischen der Eherechtsreform von 1977 und der Realität:

Die Eherechtsreform beanspruchte „mehr Eigenverantwortung – weniger Bevormundung". Scheidungswillige Ehepaare sollten ohne Bevormundung durch den Staat ihre Trennung regeln können, gerichtliche Eingriffe sollten nur dann stattfinden, wenn keine Einigung erzielt werden kann. Doch die Wirklichkeit sieht anders aus. Diese Situation bereitet immer mehr Anwälten, Familienrichtern und Familientherapeuten Unbehagen.

Professionelle Hilfe kann – als Alternative – die beiden Partner darin unterstützen, die Trennung einvernehmlich zu gestalten. Im zweiten Teil dieses Buches finden Sie eine genauere Beschreibung der Möglichkeiten, die fachliche Hilfe im Trennungsfall bieten kann.

Zusammenfassung

Eine Trennung kann einvernehmlich und konstruktiv oder aber destruktiv vollzogen werden.

Eine **konstruktive Trennung** ist durch folgende Merkmale gekennzeichnet:

1. Die Partner gehen respektvoll miteinander um, sowohl während als auch nach der Trennung.
2. Die Partner behalten die Interessen aller Beteiligten – nicht zuletzt auch die der Kinder – im Auge sowie die jeweiligen Konsequenzen beim Aushandeln von Lösungen.
3. Die Partner bemühen sich um eine angemessene Trennungsverarbeitung: Zu dieser Verarbeitung zählt u. a., die Gründe für die Trennung zu

kennen und eine Mitverantwortung hierfür zu übernehmen.

4. Sind Kinder vorhanden, übernehmen beide Elternteile auch diesen gegenüber Verantwortung für die Trennung und sehen von Schuldzuweisungen ab.

Demgegenüber ist eine **destruktive Trennung** in der Regel folgendermaßen charakterisiert:

1. Die Partner bekämpfen sich häufig und ergehen sich in Schuldzuweisungen (hier fehlt die Grundlage einer angemessenen Trennungsverarbeitung).
2. Die Partner neigen dazu, ihre alleinigen Interessen zu verfolgen und die Interessen der übrigen Beteiligten sowie die Konsequenzen ihrer Schritte auszublenden.
3. Die wirkliche Loslösung der Partner wird zusätzlich dadurch erschwert, dass Lösungen über den Rechtsweg gesucht werden, womit häufig eine Eskalation des Konfliktes einhergeht.
4. Sind Kinder vorhanden, werden diese nicht selten gegen den Expartner aufgewiegelt oder dahingehend manipuliert, ebenfalls nur den anderen Elternteil zu beschuldigen. Die Folgen für die psychophysische Gesundheit des Kindes sind zerstörerisch (PAS-Syndrom).

Je nachdem, welche Richtung ein Paar bei einer Trennung einschlägt, werden die Weichen für die Zukunft und das potenzielle Wohlergehen der Partner, der Kinder sowie für eine neue Partnerschaft gestellt.

II. Teil

Möglichkeiten zur Verbesserung der Beziehung und zur Lösung von Partnerkonflikten

Eine Richtung einschlagen: Wo stehen Sie? Wohin wollen Sie?

Wenn ein Paar in einer Krise steckt und sich um deren Lösung bemüht, kann man im Alltag oft folgendes Phänomen beobachten:

Die meisten Paare können ihr Problem besser beschreiben als ihr Ziel. Dies ist ganz verständlich. So ist es zum einen normal und menschlich, dass der Einzelne mehr auf den „Ist-Zustand" als auf den „Soll-Zustand" konzentriert ist. Zum anderen leiden beide Partner in der Regel jeweils unter ganz unterschiedlichen Gefühlen und Verhaltensweisen, woraus sich unterschiedliche Problem- und Zielbeschreibungen ergeben.

Für eine Paartherapie bedeutet dies z. B., dass der Therapeut häufig erst einmal das Problem zu lösen hat, ganz unterschiedliche oder unvereinbare Aufträge von den beiden Partnern zu erhalten.

Um eine *Veränderung* zu bewirken, d.h. vom Problem (A) wegzukommen, benötigen wir ein Ziel (B).

Zwischen diesen beiden Punkten liegt das, was wir am dringendsten für eine Veränderung brauchen: nämlich eine *Richtung* (Wohin geht die Reise?).

Was hier so einfach klingt, stellt im Alltag häufig eine unüberwindbare Hürde für ein Paar dar. Denn für viele Partner ist das Ziel entweder nicht klar oder nicht realistisch. Viele Partner wissen, was sie *nicht* wollen (sie wollen z. B. nicht mehr die endlosen, zermürbenden Streitgespräche in ihrer Partnerschaft), aber nicht, was sie stattdessen wollen. Schwierig wird es also, wenn die Partner ihre Ziele positiv formulieren sollen.

Vielleicht klingt dem einen oder anderen die Weisheit „Der Weg ist das Ziel" vertraut. Für Partnerkonflikte und deren Bewältigung ist dieser Leitsatz ganz besonders wichtig. Eine Partnerschaft wird symbolisch gerne mit einer Baustelle verglichen, an der Tag und Nacht gearbeitet werden muss – ohne Aussicht auf Vollendung des Werks. Es ist also nicht entscheidend und auch nicht realistisch, ganz am Ziel anzukommen. Entscheidend ist vielmehr, auf dem Weg zu sein und sich von einem festgefahrenen Zustand wegzubewegen.

Da es in diesem Buch auch um Veränderungsmöglichkeiten für Partnerschaften im Allgemeinen sowie Partnerkonflikte im Besonderen geht, können Sie nun, wenn Sie möchten, zunächst Ihren Standort sowie Ihre gewünschte Richtung ausmachen. Diese Richtung sollte realistisch sein und Aussicht auf Erfolg versprechen. In diese (Blick-) Richtung zu denken und zu handeln heißt, positive Zielvorstellungen zu entwickeln. Und dies leitet bereits erste Veränderungsschritte ein.

Wenn Sie, liebe Leserin und lieber Leser, in Ihrer Partnerschaft eine Veränderung herbeiführen wollen, müssen Sie wissen, wo Sie jetzt stehen. Machen Sie daher zunächst Ihren persönlichen Check-up. Sofern Ihr Partner dazu bereit ist, kann er selber das Gleiche tun.

Wenn Sie jetzt noch einmal einen Blick auf den ersten Teil dieses Buches werfen, so können Sie den ersten vier Kapiteln entsprechende Hinweise für Ihren Standort sowie für mögliche Ziele und Richtungen entnehmen.

Schauen wir uns also an, wie Sie die Ausführungen dieser Kapitel konkret nutzen können.

Klären Sie in einem **ersten Schritt:** Was läuft gut in Ihrer Partnerschaft?

Hinweise zur Beantwortung dieser Frage finden Sie vor allem in den ersten beiden Kapiteln sowie im vierten Kapitel (siehe hier die positiven Merkmale einer Partnerschaft).

Beantworten Sie dann in einem **zweiten Schritt** die Frage: Wo sehen Sie Probleme in Ihrer Partnerschaft? Worin besteht bei dem jeweiligen Problem Ihrer Ansicht nach **Ihr** Anteil, worin sehen Sie den **Anteil Ihres Partners?**

Hinweise zur Klärung dieser Frage sind – wie bereits erwähnt – in den ersten vier Kapiteln enthalten.

Erstellen Sie dann in einem **dritten Schritt** für die zur Zeit nicht bzw. unzureichend vorhandenen positiven Bereiche sowie für die Problembereiche konkrete Ziele. Wenn Sie z. B. in Ihrer Partnerschaft eine „tiefe freundschaftliche Verbundenheit“ **vermissen** (d. h. etwa, Sie vermissen Respekt, Aufmerksamkeit Ihnen gegenüber oder Freude an der Gemeinschaft mit Ihnen), so können Sie genau dieses Kriterium als ein Ziel auflisten. Überlegen Sie dabei, wie **Ihr** Beitrag zu diesem Ziel aussehen könnte – Sie können dann diesen konkreten Beitrag als Ziel formulieren. Klären Sie dann für sich, worin genau der Beitrag Ihres Partners zu Ihrem Ziel bestehen könnte.

Da Ihre Ziele nicht zwangsläufig mit denen Ihres Partners übereinstimmen müssen, sollte jeder zunächst einmal für sich selber schauen, was er will. Sie können zu einem späteren Zeitpunkt mit Ihrem Partner klären, welche gemeinsamen Ziele Sie möglicherweise haben oder ob es für die voneinander abweichenden Ziele Kompromisse gibt.

Denken Sie daran: Sie haben nicht die Macht, Ihren Partner zu verändern. Sie können immer nur sich selber verändern. In der Regel verändern sich aber die Partnerschaft und Ihr Partner, wenn **Sie** sich verändern. Ist Ihr

Partner ebenfalls bereit, an der Beziehung zu arbeiten, so können Sie später gemeinsam mit ihm sowohl über Ihre Ergebnisse diskutieren als auch die weiteren Anregungen und Übungen zur Selbsthilfe nutzen.

Bei Ihrer Auswertung können Sie Ihren Check-up schließlich in einem **vierten Schritt** in Form einer Gesamteinschätzung (eines Gesamtpunktwertes) auf der nachfolgenden Skala (Zufriedenheitsskala) eintragen. Nehmen Sie zu diesem Zweck eine subjektive Gewichtung der jeweiligen positiven Bereiche wie auch der Problembereiche in Ihrer Partnerschaft vor. Bei dem Gesamtpunktwert handelt es sich dann um eine orientierende Gesamteinschätzung Ihrer Partnerschaft.

Zufriedenheitsskala

0	*1*	*2*	*3*	*4*	*5*	*6*	*7*	*8*	*9*	*10*
absoluter Tiefpunkt in der Partnerschaft										**maximales Glück in der Partnerschaft**

Der Wert 0 steht dabei für den „maximalen Tiefpunkt" in Ihrer Beziehung (z. B. vergleichbar mit einem Zeitpunkt, an dem Sie sich trennen wollten), ein Punktwert von 10 soll dabei „maximales Glück" in Ihrer Partnerschaft verdeutlichen (etwa den maximalen Glücksmoment an Ihrem Hochzeitstag).

Ein Beispiel soll nun eine solche Auswertung exemplarisch veranschaulichen:

Eva (39 Jahre) lebt seit 11 Jahren mit Hans (42 Jahre) zusammen. Hans hat einen Sohn aus einer früheren Partnerschaft, der bei seiner Exfreundin lebt. Hans hat regen Kontakt zu seinem Sohn. Eva und Hans haben keine gemeinsamen Kinder. Bei ihrem Check-up kommt Eva in einem ersten Schritt zu folgenden Ergebnissen:

Positive Bereiche in meiner Partnerschaft

- Ich finde, dass wir in unserer Partnerschaft eine respektvolle freundschaftliche Verbundenheit sowie wichtige Gemeinsamkeiten aufgebaut haben.

• Ich bin zufrieden mit unserer Sexualität.
• Hans gibt mir bei privaten und beruflichen Krisen Halt und Unterstützung.
• Hans geht seiner Rolle als Vater nach. Gleichzeitig sind wir in der Lage, unsere Aufmerksamkeit auch auf uns als Paar zu richten.
• Ich fühle mich als gleichwertige Partnerin in unserer Beziehung.
• Unser Sinn für Humor verbindet uns.
• In unserer Partnerschaft können wir uns beide mit unseren Verletzlichkeiten zeigen und werden damit aufgefangen.
• Ich kann meinen Partner realistisch sehen und mir gleichzeitig ein Stück meiner anfänglichen Begeisterung für ihn bewahren.
• Wir sind beide in der Lage, das Verhalten des anderen, seine Absichten und Gefühle neutral bzw. positiv zu bewerten.
• Wir zeigen uns gegenseitig Freude und Wertschätzung über die positiven Seiten unserer Partnerschaft und tauschen uns gerne über schöne Erinnerungen und Geschichten in unserer Partnerschaft aus.
• Wir suchen wechselseitig die Nähe in unserer Partnerschaft.
• Wir beziehen gegenseitig die Interessen und Bedürfnisse des anderen in wichtige Entscheidungen ein.
• Unsere Partnerschaft ist gekennzeichnet durch beiderseitige hohe Einsatzbereitschaft.
• In unserer Beziehung gewähren wir uns gegenseitig genügend Freiraum.
• Unsere wesentlichen Lebensziele und -pläne stimmen überein.

Hinsichtlich der positiven Kriterien, die Eva vermisst sowie der bestehenden Problembereiche in ihrer Partnerschaft kommt sie zu folgenden Ergebnissen und Zielen:

Problembereiche in unserer Partnerschaft **mein Anteil / Hans' Anteil**	**Ziele**
Konflikte in unserer Beziehung eskalieren manchmal, da ich die Interessen und Bedürfnisse meiner Eltern häufig wichtiger nehme als die Bedürfnisse von Hans.	Ich möchte lernen, meinen Eltern und Hans zu zeigen, dass seine Belange an erster Stelle stehen. Ich möchte lernen, mich von meiner Ur-

Mein Anteil: Ich habe mich noch nicht genügend von meiner Ursprungsfamilie abgegrenzt.	sprungsfamilie weiter abzugrenzen.
Wir haben noch keinen genügend sicheren Raum für Streitgespräche und Diskussionen geschaffen. Mein Anteil: Bei Kritik meines Partners neige ich häufig dazu, abzublocken und zu manipulieren. Hans' Anteil: Hans neigt dazu, auf Kritik und Ärger meinerseits über sein Fehlverhalten mit Rechtfertigung oder Abstreiten zu reagieren. Dadurch kommt es häufig zu einer Eskalation unserer Streitgespräche.	Ich wünsche mir faire Konfliktgespräche in meiner Partnerschaft. Bei Kritik von Hans möchte ich lernen, diese sachlich anzunehmen und mich mit meinem Fehlverhalten auseinander zu setzen. Ich wünsche mir von Hans, dass er sich mit seinen Fehlern ehrlich auseinander setzt und Bereitschaft zeigt, diese zu verändern.
Streitgespräche in unserer Beziehung drehen sich immer noch um einen unerledigten Konflikt (Altlast). Mein Anteil: Ich mache Hans immer noch Vorwürfe über sein Fehlverhalten in der Vergangenheit (betrifft seine früheren leichtsinnigen Geldausgaben). Hans' Anteil: Hans neigt dazu, sich auf meine Kritik über seine frühere schlechte Angewohnheit zu entziehen (indem er sich anderen Dingen zuwendet oder sich vor den Fernseher setzt), so dass ein notwendiger klärender Streit ausbleibt.	Ich möchte lernen, Hans zu verzeihen, da er sein Fehlverhalten weitgehend verändert hat und ihm seine früheren leichtfertigen Geldausgaben heute Leid tun. Es wäre hilfreich, wenn Hans meinen angesammelten Ärger über sein früheres Fehlverhalten verstehen und zulassen könnte, statt vor meiner Wut zu flüchten.

Wie Sie dem Beispiel entnehmen können, hat Eva die Probleme in ihrer Partnerschaft in verschiedene Bereiche unterteilt. Nachdem sie sowohl für die jeweiligen positiven Bereiche wie auch für die Problembereiche eine subjektive Gewichtung vorgenommen hat, kommt sie zu einer groben Gesamteinschätzung auf der Zufriedenheitsskala von 7 Punkten:

Zufriedenheitsskala

0	*1*	*2*	*3*	*4*	*5*	*6*	***<u>7</u>***	*8*	*9*	*10*

absoluter Tiefpunkt in der Partnerschaft — **maximales Glück in der Partnerschaft**

Eva ist also alles in allem recht zufrieden mit ihrer Partnerschaft mit Hans. Es bestehen jedoch, wie Sie aus dem Beispiel ersehen können, Veränderungsziele, woran beide in Zukunft arbeiten möchten.

Bei der Gesamtübersicht Ihrer einzelnen Ergebnisse erlauben Sie sich, erst einmal bei den positiven Bereichen Ihrer Partnerschaft stehen zu bleiben. Vielleicht stellen Sie fest, dass einige positive Merkmale im Laufe Ihrer Beziehung in den Hintergrund gerückt sind. Möglicherweise überwiegen dadurch sogar die negativen Seiten in Ihrer Partnerschaft.

Vielleicht wünschen Sie sich, dass das eine oder andere positive Merkmal Ihrer Partnerschaft gefestigt oder wieder in den Vordergrund gerückt wird – so dass Ihre Beziehung insgesamt wieder glücklicher und lebendiger wird.

Manchmal erübrigen sich auch bestimmte Konflikte, wenn das Positive in der Partnerschaft gestärkt ist. Lassen Sie uns daher, bevor wir im Weiteren auf Konfliktlösungsstrategien eingehen, zunächst die Frage beleuchten, wie Sie Ihre Partnerschaft verbessern können.

Einige der folgenden Anregungen und Übungen können Sie allein durchführen, andere am besten gemeinsam mit Ihrem Partner. Denken Sie daran, dass es bei den meisten Schritten wie auch Fortschritten auch zu Rückfällen in alte Muster kommt. Lassen Sie sich hierdurch nicht entmutigen. Sie können sich vielmehr darin üben, derartige Rückfälle als Lernerfahrung willkommen zu heißen.

Zusammenfassung

Folgende Schritte können Ihnen – hier vereinfacht zusammengefasst – dazu verhelfen, zu einer groben Orientierung in Ihrer Partnerschaft zu gelangen, d. h. zu klären, wo Sie stehen und in welche Richtung Sie Ihre Partnerschaft ggf. verändern wollen.

1. Was läuft gut in Ihrer Partnerschaft?
2. Wo sehen Sie Probleme in Ihrer Beziehung? Worin besteht Ihr Anteil, worin sehen Sie den Anteil Ihres Partners?
3. Legen Sie für die nicht bzw. unzureichend vorhandenen positiven Bereiche sowie für die Problembereiche konkrete Ziele fest! Was konkret möchten Sie bei sich verändern? Worin genau sollte die Veränderung Ihres Partners bestehen?
4. Wenn Sie wollen, können Sie zum Schluss eine globale orientierende Einschätzung Ihrer Partnerschaft in Form eines Punktwertes auf einer Zufriedenheitsskala vornehmen.

Sie können beide zunächst unabhängig voneinander diese Schritte umsetzen. Zu einem späteren Zeitpunkt können Sie Ihre Ergebnisse mit denen Ihres Partners vergleichen. Klären Sie mit Ihrem Partner, bei welchen Veränderungswünschen und Zielen Übereinstimmung besteht und ob es bezüglich der voneinander abweichenden Ziele evtl. Kompromisse gibt.

Prüfen Sie mit Ihrem Partner, bei welchen Veränderungsschritten Sie mit seiner Unterstützung rechnen dürfen (siehe hierzu auch die weiteren Anregungen und Übungen).

Nutzen Sie vorhandene Ressourcen zur Beziehungsverbesserung

Ressourcen sind vergleichbar mit kraftspendenden Quellen. In einer Partnerschaft können solche Kraftquellen die Beziehung beleben und bereichern. Dabei handelt es sich um Dinge, die gut funktionieren und die Partnerschaft stabilisieren. Dies können Verhaltensweisen und Rituale sein, die sich z. B. in der Vergangenheit bewährt haben und zur gemeinsamen Zufriedenheit mit der Beziehung beigetragen haben. Lassen Sie uns nun schauen, durch welche gezielte Arbeit Sie im Alltag die Ressourcen in Ihrer Beziehung aktivieren und letztere dadurch lebendig halten können. Die folgenden Ressourcen sind unverzichtbar, wenn Ihre Partnerschaft gelingen und eine glückliche werden soll.

Schöne Erinnerungen bewahren

Wollen Sie eine glückliche Beziehung haben, so sollten Sie daran arbeiten, den Blick für die positiven Seiten Ihrer Partnerschaft zu bewahren. Es erfordert etwas Übung und Geduld, den gemeinsamen Erfahrungen wieder mehr Positives abzugewinnen und sich gemeinsam über schöne Erinnerungen auszutauschen.

Folgende konkrete Schritte bieten sich zu diesem Zweck an:

1. Legen Sie einen Abend in der Woche fest. Beginnen Sie diesen Abend mit einem lieb gewonnenen Ritual (z. B. gemeinsam kochen). Sehen Sie sich anschließend Fotos an von gemeinsamen schönen Erlebnissen oder Urlaubsreisen. Tauschen Sie sich mit Ihrem Partner dabei über die damit verbundenen positiven Erinnerungen aus. An einem anderen Abend können Sie sich mit Freunden verabreden, die Sie länger nicht gesehen haben und mit denen Sie schöne Erinnerungen im Zusammenhang mit Ihrer Partnerschaft verbinden. Nutzen Sie dieses Treffen, um gemeinsam in alten, schönen Erinnerungen zu schwelgen.
   Auf einen dritten Abend bereiten Sie sich beide vor, indem Sie unabhängig voneinander eine Liste erstellen. Auf dieser Liste beantworten Sie beide die Frage, welche Ereignisse und Episoden Ihnen zu den wirklich glücklichen Zeiten Ihrer Partnerschaft einfallen. An dem betreffenden Abend können Sie sich darauf verständigen, dass jeder ein Erlebnis mitsamt der positiven Bedeutung, die es für ihn hatte bzw. noch hat,

schildert. Durch die letzte Übung stellen sie möglicherweise fest, dass ein und dasselbe Erlebnis durchaus unterschiedlich von Ihnen beiden erlebt wurde. Hierdurch können Sie Ihr eigenes Erleben um neue Facetten bereichern.

2. Legen Sie sich persönliche Anker zu: Wollen Sie im Alltag den Zugang zu schönen Erinnerungen an Ihre Partnerschaft erleichtern, so nutzen Sie hierzu bestimmte Anker. Ein Anker ist dabei ein Gegenstand bzw. ein Symbol, der bzw. das Sie in irgendeiner Form an das jeweilige Erlebnis oder an den schönen Zustand erinnert. Er ist sozusagen eine Brücke zu den damit verbundenen positiven Gefühlen. Dies kann ein Foto oder ein Gegenstand sein, welches bzw. welchen Sie bei sich tragen oder auf Ihren Schreibtisch legen. So kann eine Muschel, die Sie vom Strand des letzten gemeinsamen Urlaubsortes mitgenommen haben, ein Anker für besonders schöne Erinnerungen an die Partnerschaft sein. Sie können auch ein Musikstück hören oder einen bestimmten Duft riechen, also Dinge nutzen, die Sie mit den positiven Erinnerungen an Ihre Beziehung verbinden. Bestimmte Anker können Sie sowohl allein als auch zusammen mit Ihrem Partner verwenden – etwa, indem Sie gemeinsam einer bestimmten Musik lauschen oder Orte und Plätze wieder aufsuchen, die Sie mit schönen Erinnerungen verbinden. Es kann interessant sein, mit Ihrem Partner darüber zu diskutieren, welche jeweiligen Anker Sie beide zu den schönen Erinnerungen und Gefühlen zurückführen.

3. Sie können sich darüber hinaus darin üben, auch den schwierigen Zeiten Ihrer Partnerschaft einen „neuen Rahmen“ zu geben:
Nachdem Sie die Anregungen zu Punkt 1 regelmäßig einmal in der Woche über insgesamt drei Wochen durchgeführt haben, können Sie sich an einem vierten Abend auf eine bestimmte unangenehme Begebenheit oder eine schwierige Phase in Ihrer Beziehung besinnen. Bei dieser Übung geht es darum, auch den schwierigen Zeiten und Begebenheiten Ihrer Partnerschaft noch etwas Positives abzugewinnen. Sie können sich zu diesem Zweck folgende Fragen stellen:
Wie haben wir das geschafft und durchgestanden? Warum sind wir zusammengeblieben? Welche Fähigkeiten haben wir für die Bewältigung des Konfliktes nutzen können? In welcher Form hat dieser Konflikt unsere Partnerschaft auch weitergebracht? usw.
Wenn Sie sich über diese Fragen austauschen, sollten Sie darauf achten,

dass Sie für jede dieser Fragen mindestens eine **positive** Antwort finden. Derartige Umdeutungen, die eine alte Sicht durch eine befriedigendere neue ersetzen, wirken sich positiv auf das Fühlen und Verhalten aus. Amerikanische Wissenschaftler prägten hierfür den Begriff „Reframing" (wörtlich: einen neuen Rahmen geben).
Grundsätzlich empfiehlt es sich, diese Übungen über mehrere Monate einmal pro Woche durchzuführen. Sie werden überrascht sein, wie hierdurch langfristig Ihre gemeinsame Zufriedenheit mit Ihrer Partnerschaft gestärkt wird.

Gemeinsame Aktivitäten

Sie können die Zufriedenheit in Ihrer Partnerschaft auch durch mehr Gemeinsamkeiten stärken. Halten sie zu diesem Zweck Ausschau nach gemeinsamen Aktivitäten, die in der letzten Zeit vielleicht in den Hintergrund gerückt sind. Dies sollten Aktivitäten sein, die Ihre Rolle als Partner wieder verstärken.

Halten Sie sich mindestens einen Abend pro Woche frei. Um eine Entscheidung zu treffen, was Sie an diesem Abend mit Ihrem Partner unternehmen, hat sich folgendes Vorgehen bewährt:

Sie können beide unabhängig voneinander eine Liste mit Aktivitäten erstellen. Dabei erarbeitet jeder verschiedene Wünsche, die er auf seiner Aktivitätenliste vermerkt. Diese Vorschläge sollten konkret durchführbar und realistisch sein. Wenn Sie z. B. das Bedürfnis nach Bewegung haben und dieses gerne mit Ihrem Partner teilen möchten, könnte auf Ihrer Liste „gemeinsamer Spaziergang" oder „eine Stunde Gymnastik mit dem Partner" stehen. Verspürt Ihr Partner das Bedürfnis nach Unterhaltung, so könnte er einen Kino- oder Theaterbesuch auf seiner Liste vermerken.

Andere Vorschläge könnten lauten: eine gemeinsame Fahrradtour, schwimmen gehen, ein gemeinsames Picknick, zusammen tanzen gehen, zusammen singen (zu Hause oder im Chor), mit dem Partner essen gehen, Freunde besuchen, ein gemeinsamer Einkaufsbummel, ein Besuch im Museum usw.

Vereinbaren Sie, dass an dem festgelegten Abend ein Partner einen Wunsch von seiner Liste äußern darf, den der andere ihm erfüllt. Beim nächsten Termin werden die Rollen getauscht. Für den jeweiligen Abend gilt die Regel, dass in dieser Zeit nicht gestritten oder diskutiert wird.

Vielmehr bemühen Sie sich beide, die Ressourcen aus der Anfangszeit der Beziehung zu aktivieren, indem Sie sich beide so charmant, liebevoll und anregend wie möglich verhalten.

Aus den Aktivitäten können auch sinnstiftende Rituale werden, von denen bereits an anderer Stelle die Rede war. Dies können Rituale wie Feiern oder auch alltägliche Rituale sein, wie etwa der abendliche Spaziergang, das gemeinsame Gespräch nach Feierabend, in dem Sie sich über den Verlauf des Tages austauschen, und vieles mehr. Egal ob Sie gemeinsam zur Kirche gehen oder zusammen meditieren, entscheidend ist, dass Sie sich durch solche Gemeinsamkeiten auch einen gemeinsamen Sinn in Ihrer Partnerschaft schaffen.

Haben Sie sich zuletzt zu wenig Zeit füreinander genommen, so hilft Ihnen diese Übung, wieder das Schöne und Gemeinsame in der Beziehung zu pflegen.

Rückbesinnung auf die Stärken und geliebten Seiten des Partners

Eine Partnerschaft kommt normalerweise dadurch zustande, dass man bei dem anderen etwas findet bzw. etwas von ihm bekommt, was für einen selber erstrebenswert, vertraut oder attraktiv ist. Dabei kann es sich um Qualitäten des Partners handeln wie seine Ausstrahlung oder sein Aussehen, seine Liebenswürdigkeit, sein Geschick etc. Worin auch immer diese Qualitäten bestehen, sie führen dazu, dass der andere sich zu diesem Partner hingezogen fühlt und für ihn positive Gefühle entwickelt.

Wenn Sie sich selber einmal auf die Anfangszeit Ihrer Beziehung und auf die damals im Vordergrund stehenden geliebten Seiten ihres Partners besinnen, so können Sie zwei der wichtigsten Ressourcen einer glücklichen Partnerschaft beleben – nämlich Zuneigung und Bewunderung.

Diese Gefühle stärken Ihre Partnerschaft vor allem dann, wenn Sie sich zuletzt mehr auf die Schwächen und Fehler Ihres Partners konzentriert haben. Im schlimmsten Fall haben Sie ihn wegen seiner Unzulänglichkeiten vielleicht schon verachtet. Und Verachtung wirkt in einer Partnerschaft wie ein Gift, das die Beziehung zerstören kann. Wenn Sie sich Ihrem Partner hingegen durch tiefe positive Gefühle verbunden fühlen, ist es eher unwahrscheinlich, dass Sie für ihn Verachtung empfinden.

Prüfen Sie daher zunächst, ob die positiven Gefühle für Ihren Partner und Ihre Aufmerksamkeit für seine Stärken in den Hintergrund gerückt sind. In diesem Fall können Sie über seine Stärken meditieren. Fragen Sie sich:

Welche Eigenschaften an ihm finde ich liebenswert oder sympathisch? Welche Dinge bewundere ich am meisten an meinem Partner?

Tragen Sie dann in einer Liste die Stärken und liebenswürdigen Seiten Ihres Partners nach und nach zusammen. Ihr Partner kann ebenfalls eine Liste mit Merkmalen erstellen, die er an Ihnen mag.

Legen Sie dann mit Ihrem Partner mehrere Termine fest (z. B. regelmäßig einen Termin alle zwei Wochen). An dem vereinbarten Termin tauschen Sie sich mit Ihrem Partner darüber aus, was Sie konkret an ihm mögen. Etwa „Ich mag an dir, dass du mich morgens liebevoll weckst“, „Ich bewundere dich für dein technisches Geschick“ oder „Ich finde gut, dass du dich so geschmackvoll kleidest“. Die Rückmeldungen sollten also konkret und am Verhalten des anderen ausgerichtet sein.

Anstelle der mündlichen Bestätigungen können am Anfang die Rückmeldungen auch in Form von kleinen Briefen ausgetauscht werden. Im Laufe der Zeit und mit zunehmender Übung wird Ihre Wahrnehmung für die positiven Seiten Ihres Partners wieder geschärft. Sie werden dann auch außerhalb der vereinbarten Termine solche Bestätigungen im Alltag austauschen.

In einem weiteren Schritt können Sie sich darin üben, die positiven Dinge im Alltag zu verstärken, so z. B., wenn Ihr Partner im Gespräch auf Sie eingeht und Ihnen zeigt, dass er Sie ernst nimmt; wenn er daran gedacht hat, Ihnen etwas Bestimmtes mitzubringen, und er sich aufmerksam und umsichtig Ihnen gegenüber verhält, dann können Sie ihm für solche Verhaltensweisen danken und Ihre Freude darüber zeigen. Egal, ob er Ihnen bei bestimmten Dingen hilft oder Sie in Entscheidungen einbezieht – bei solchen und ähnlichen Dingen wird Ihr Partner durch Ihren Dank ermutigt, auch weiterhin so positiv auf Sie zuzugehen.

Durch solche Formen der Rückbesinnung auf die Stärken und geliebten Seiten Ihres Partners können Gefühle der Bewunderung und Zuneigung für ihn wieder in den Vordergrund rücken. Und diese Gefühle sind wie ein Geschenk, das verdient, gehegt zu werden.

Zeigen Sie Ihrem Partner Achtung und Wertschätzung

Glückliche Partnerschaften basieren auf einer tiefen freundschaftlichen Verbundenheit. Dieser Basis liegt vor allem Respekt und Wertschätzung dem Partner gegenüber zugrunde.

Achtung und Wertschätzung bedeutet nicht, dass Sie alle Eigenschaften und Verhaltensweisen Ihres Partners gut finden müssen. Es bedeutet vielmehr, dass Sie ihn als Person schätzen und sein Verhalten und seine Eigenschaften hiervon trennen. Sie können sein Verhalten durchaus kritisieren und ihm dennoch zeigen, dass Sie ihn als Mensch mögen und respektieren.

Wenn Ihre Partnerschaft auf tiefer freundschaftlicher Verbundenheit basiert, Sie sich schätzen und Freude an der Gemeinschaft mit Ihrem Partner haben, verfügen Sie über den besten Schutz vor feindseligen Gefühlen dem Partner gegenüber. Gegenseitige Achtung und Wertschätzung machen es ebenso wie Bewunderung unwahrscheinlich, dass sich Verachtung in Ihre Verbindung einschleicht.

Wie können Sie nun konkret Ihrem Partner Achtung und Wertschätzung im Alltag zeigen? Sie können die folgenden Beispiele am ehesten in den kleinen Momenten Ihres alltäglichen Miteinanders umsetzen. Sagen Sie z. B. Ihrem Partner, wie wichtig und wertvoll er für Sie ist. Sie zeigen ihm Ihre Freude, wenn er nach Hause kommt oder einfach darüber, dass er anwesend ist. Achtung und Wertschätzung können Sie auch dadurch zum Ausdruck bringen, dass Sie nichts tun, von dem Sie wissen, dass es Ihr Partner missbilligen würde (etwa ihn auf eine Art zu streicheln, die er nicht mag). Vor einer Entscheidung zeigen Sie ihm, wie selbstverständlich es für Sie ist, ihn vorher zu fragen und ihn dadurch einzubeziehen.

Bringen Sie Ihrem Partner gelegentlich eine kleine Überraschung mit! Warten Sie damit nicht auf die besonderen Anlässe, sondern bringen Sie ihm auch im Alltag gelegentlich einen Strauß Blumen oder eine andere Aufmerksamkeit mit.

Wenn Sie mit Ihrem Partner reden, zeigt sich Ihre Achtung ihm gegenüber darin, dass Sie ihm aufmerksam zuhören und ihn ausreden lassen. Sie belassen ihm seine Sicht der Dinge und seine Gefühle und versuchen nicht, ihm diese auszureden oder ihn von Ihren Einstellungen und Gefühlen zu überzeugen. Durch solche Verhaltensweisen zeigen Sie Ihrem Partner, dass Sie seine Gefühle und Bedürfnisse ernst nehmen. Die positive Wirkung auf Ihre Partnerschaft wird Sie für diese Arbeit entschädigen.

Dem Partner Zuwendung schenken

Partner, die sich einander zuwenden, haben eine große Chance, miteinander glücklich zusammenzubleiben. Dagegen haben sich Partner, die nicht miteinander in Verbindung treten und sich kaum noch einander zuwenden, oft schon entfremdet. Die Wahrscheinlichkeit, dass solch ein Paar sich früher oder später trennt, ist groß.

Die Rede ist hier weniger von den größeren Ereignissen wie Urlaub, einer Feier oder Ähnlichem. Der Schlüssel liegt vielmehr vor allem in den kleinen

Begebenheiten und Anlässen, bei denen Sie und Ihr Partner sich dazu entscheiden können, sich einander zuzuwenden.

Wie dies konkret aussehen kann, zeige ich Ihnen nachfolgend:

Nutzen Sie alltägliche Situationen, um Ihrem Partner Aufmerksamkeit zu schenken. Zum Beispiel, wenn Ihr Partner Ihnen beim gemeinsamen Essen von seiner Arbeit erzählt, dann hören Sie ihm zu und gehen auf seine Sicht der Dinge und auf seine Empfindungen ein. Oder aber wenn Ihre Frau Sie fragt: „Hast du das Auto getankt?“, antworten Sie: „Nein, das habe ich vergessen, aber ich hole es gleich nach.“ In einer anderen Situation erzählt Ihnen Ihr Partner von einem Buch, von dem er gehört hat und das ihn interessiert. Sie gehen mit ihm auf den Inhalt ein und überlegen gemeinsam, wie man das Buch beschaffen könnte. Vielleicht kaufen Sie selber das Buch und überraschen Ihren Partner später mit diesem Geschenk.

Ihr Partner erzählt Ihnen, dass er einen Film gesehen hat, der ihn sehr berührt habe. Sie fragen ihn, ob Sie sich den Film gemeinsam anschauen können, und versuchen, seine Rührung aus seiner Sicht und seinem Erleben nachzuvollziehen und evtl. zu teilen. Beim gemeinsamen Spaziergang entdeckt Ihr Partner einen seltenen Vogel in einem Baum. Sie schauen interessiert hin und stellen ihm einige Fragen zu dieser Vogelart. Während eines gemeinsamen Einkaufs im Supermarkt steht Ihr Partner vor einem Regal und fragt Sie, ob Sie noch genügend Brot zu Hause haben. Sie überlegen dann mit ihm und antworten z. B.: „Ich bin mir nicht sicher und schlage deshalb vor, dass wir für alle Fälle noch etwas Brot kaufen.“

Wenn Sie Ihrem Partner Aufmerksamkeit und Zuwendung bei solchen und vielen anderen Gelegenheiten schenken, so wächst eine emotionale Verbundenheit zwischen ihnen. Und diese macht die Partnerschaft immun gegen schlechte Zeiten.

Werden Sie offen für Ihren Partner und lassen Sie ihn Einfluss nehmen

Den Partner Einfluss nehmen zu lassen, bedeutet in der Partnerschaft, die Macht mit ihm zu teilen. Ist ein Paar dazu bereit, die Macht miteinander zu teilen, hat die Beziehung eine gute Voraussetzung, glücklich zu werden. Umgekehrt konnten Studien zeigen, dass die Wahrscheinlichkeit, dass eine Beziehung unglücklich verlaufen oder scheitern wird, etwa 80 Prozent beträgt, wenn ein Partner nicht bereit ist, die Macht mit seiner Partnerin zu teilen.

Wenn Sie sich beeinflussen lassen, heißt das nicht, dass Sie Ihrem Partner gegenüber keine Kritik oder negative Gefühle äußern dürfen. Es bedeutet auch nicht, dass Sie sich selber aufgeben müssen. Es heißt jedoch, offen zu sein für die Vorstellungen, Bedürfnisse und Gefühle Ihres Partners.

Es gibt zahlreiche Beispiele dafür, wie Sie Ihren Partner Einfluss nehmen lassen. Die folgenden Beispiele und viele andere ähnliche Situationen lassen sich im Alltag einfach umsetzen – nutzen Sie diese, um mehr Gleichwertigkeit in Ihrer Partnerschaft herzustellen:

Wenn Sie etwa eine Entscheidung treffen (z. B. über eine Anschaffung), berücksichtigen Sie dabei die Gefühle oder Ansichten Ihres Partners. Sie können ihm beispielsweise die Frage stellen: „Können wir uns das leisten?" oder „Bist du mit diesem Kauf einverstanden?" Ihr Partner hat dann das Gefühl, bei Ihrer Entscheidung respektiert und einbezogen worden zu sein. Wenn Sie eine Verabredung mit Freunden treffen, sagen Sie erst dann verbindlich zu, wenn Sie Ihren Partner nach seinen Bedürfnissen gefragt haben. Konkret kann sich das Teilen von Macht bzw. die Entscheidung, den Partner Einfluss nehmen zu lassen, auch darin ausdrücken, dass Sie als Mann zugeben, von Ihrer Frau etwas gelernt zu haben (z. B. die Hausarbeit betreffend). Wenn Sie eine Einkaufsliste erstellen, können Sie Ihren Partner fragen, ob Sie etwas vergessen haben und ihm noch etwas mitbringen können. Bevor Sie eine Mahlzeit zubereiten, können Sie Ihren Partner fragen, welches Gericht und welche Gewürze er bevorzugt. Wollen Sie die Wohnungseinrichtung verändern, dann können Sie Ihren Partner mit seinen Bedürfnissen und Vorstellungen in Ihre Pläne einbeziehen. Überlässt er es Ihnen, die Wohnung einzurichten, können Sie ihn später fragen, ob er mit dem Ergebnis einverstanden ist.

Wenn Sie erst einmal die Perspektive Ihres Partners respektvoll in Betracht ziehen, hat Ihre Partnerschaft eine gute Basis für Kompromisse. Außerdem ist sie dann widerstandsfähiger gegenüber Konflikten und Krisen.

Geschenke der besonderen Art: Von der Freude, sich angenommen und verstanden zu fühlen – Werden Sie Experte für die Welt Ihres Partners und Ihrer eigenen Welt

Wenn Sie wollen, dass Ihr Partner sich von Ihnen verstanden und angenommen fühlt, dann sollten Sie sich in Empathie (Einfühlungsvermögen) üben. Empathie beinhaltet mehr, als den Partner im Konfliktgespräch zu verstehen. Wenn Sie empathisch reagieren, heißt das, dass Sie die Erfahrungen Ihres Partners verstehen und darauf angemessen reagieren. Wenn Sie verstehen wollen, was in ihm vorgeht, sollten Sie sich in genauer Beobachtung und sorgfältigem Zuhören üben. Versuchen Sie dabei, herauszuhören und „herauszulesen“, was Ihr Partner denkt und fühlt, wie er zu den Dingen steht und welche Beweggründe ihn antreiben. Dieses Heraushören bedeutet auch, zu spüren, dass sich nicht selten weitere Gefühle hinter einem geäußerten Gefühl verbergen. So verbirgt sich z. B. hinter Wut und Ärger häufig Kränkung, Enttäuschung und Hilflosigkeit.

Zu verstehen, was in Ihrem Partner vorgeht, heißt, die Welt mit seinen Augen zu sehen. Versuchen Sie daher, „in seine Schuhe zu schlüpfen“. Erst die vorübergehende Aufgabe der eigenen Sichtweise und der Wechsel der Perspektive eröffnet Ihnen ein Verständnis, das über das reine Mitfühlen hinausgeht. Und genau das ist Empathie.

Entscheidend ist daher, dass Sie zeitweise von Ihren eigenen Erfahrungen absehen, um so ohne Vorurteile zuhören zu können. Tun Sie so, als hörten Sie die Sache Ihres Partners zum ersten Mal – auch wenn Ihnen vieles bereits bekannt vorkommt. Ein Wechselspiel zwischen Mitfühlen und Anteilnahme einerseits und Distanz und Unabhängigkeit andererseits ist dafür hilfreich. Um einfühlsam zu sein, müssen Sie nicht Teil der Geschichte Ihres Partners sein.

Empathie bedeutet für Sie, dass Sie sich selbst erweitern und buchstäblich über sich selbst hinauswachsen. Sie erweitern Ihr Selbstverständnis und Ihre Weltsicht. Für Ihre Partnerschaft ermöglicht Empathie Nähe und Intimität – und ohne die ist eine dauerhafte Beziehung nicht möglich.

Soll Ihr Partner sich von Ihnen verstanden fühlen, so ist darüber hinaus hilfreich, wenn Sie sich mit seiner Welt im Detail auskennen. Es lohnt sich, zu diesem Zweck alle möglichen wichtigen Informationen über das Leben Ihres Partners zu speichern. Sie wissen um seine wichtigen aktuellen und vergangenen Erfahrungen und erneuern diese Informationen immer wieder.

Was heißt es nun konkret, den anderen genauer kennen zu lernen und zu erforschen? Es bedeutet z. B., dass Sie wissen, welche Hobbys und Vorlieben Ihr Partner hat. Sie kennen sein Lieblingsgericht, die Musik, die er gerne hört, seine Freunde, seine Sehnsüchte und Ängste, seine heutigen und vergangenen Probleme.

Wollen Sie die Welt Ihres Partners erforschen, so bedeutet dies, ihm Aufmerksamkeit in vielen kleinen Dingen zu schenken. Zu diesem Zweck können Sie ihn beobachten, ihm zuhören und ihm offene Fragen stellen, etwa: „Was verbindest du mit deinem besten Freund?“ Je mehr Sie sich mit der inneren Welt Ihres Partners auskennen, umso solider und erfüllender wird Ihre Partnerschaft sein. Auf dieser Grundlage sind Sie als Paar außerdem viel besser darauf vorbereitet, mit Konflikten und schwierigen Ereignissen fertig zu werden.

Nähe und Verbundenheit mit Ihrem Partner herzustellen, heißt umgekehrt auch, sich ihm in einem ständigen Prozess mitzuteilen. Hierzu ist erforderlich, dass Sie sich in Ihrer eigenen Welt auskennen. Selbstwahrnehmung und Selbsterforschung sind hierfür unerlässlich. Üben Sie, sich selber genau zu beobachten. Beobachten Sie Ihre Gefühle und Bedürfnisse, Ihre Vorlieben und Wertvorstellungen. Lernen Sie Ihre Geheimnisse und Motive, Ihre Ziele und die Bedeutung bestimmter Menschen und Ereignisse in Ihrem Leben kennen. Was sind Ihre Träume? Wie soll Ihr Leben in 10 Jahren aussehen? Durch konkrete Selbsterkenntnisse geben Sie Ihrem Partner Gelegenheit, an Ihrer Welt teilzuhaben. Nur wer sich selber kennt, kann auch in der Partnerschaft für sich selber sorgen. Wenn Sie sich selber annehmen und verstehen, haben Sie größere Chancen, auch von Ihrem Partner verstanden zu werden.

Halten Sie nun eine Weile inne und prüfen dabei, wie gut Sie sich in der Welt Ihres Partners und in Ihrer eigenen Welt auskennen. Für den Fall, dass Sie Ihr Wissen und Ihre Erkenntnisse noch erweitern und für Ihre Partnerschaft nutzen möchten, kann die nachfolgend beschriebene Übung Ihnen weiterhelfen:

Führen Sie die Übung über einige Monate zu festgelegten, regelmäßigen Terminen (etwa im 2-Wochen-Rhythmus) durch. Ist Ihr Partner bereit, an der Übung teilzunehmen, so füllen Sie beide getrennt voneinander in einem ersten Schritt die folgende Liste aus (jeder beschreibt sich dabei selber). Bei den auf der Liste angegebenen Punkten handelt es sich um Themenvorschläge. Sie können die Liste um andere Themen beliebig erweitern.

Beschreiben Sie bitte im Folgenden Ihr/e ...	
Lieblings- Musik Farbe Gericht	
Hobbys, Freizeitaktivitäten	
Lebensziele (kurzfristige, mittelfristige, langfristige Ziele)	

Stärken/Schwächen	
Träume/Sehnsüchte	
Bedürfnisse	
Bevorzugte/r/s Einrichtungsstil Automarke Sportart Fernseh-/Kinofilm Kleidungsstil	
Aktuellen/früheren wichtigen Konflikte/Probleme	
Ängste	
Wichtigste/n Bezugsperson/en (Menschen, die Ihnen viel bedeuten)	
Schöne/n und belastende/n Kindheitserfahrung/en	
Verhältnis/Einstellung zu Geld Religion anderen Kulturen anderen Menschen Kunst Politik Tieren	
Errungenschaften/Fähigkeiten: Worauf sind Sie stolz?	
Sonstiges: Welche Dinge verletzen Sie? Was macht Sie glücklich? Worin besteht für Sie der Sinn des Lebens?	

An dem vereinbarten Termin legen Sie mit Ihrem Partner die Sprecher- und Zuhörerrolle fest. Der Sprecher wählt einen oder maximal zwei Punkte aus der Liste und trägt seine Ergebnisse dazu dem Zuhörer vor. Der Zuhörer kann sich Aufzeichnungen machen und darf offene Fragen stellen, die sein Verständnis vertiefen, etwa: „Was verbindest du mit deiner Lieblingsfarbe blau?“ oder „Welche Begebenheiten zählen im Einzelnen zu deinen schönsten Kindheitserfahrungen?“ Am Ende der jeweiligen Übung fasst der Zuhörer die wichtigsten Ergebnisse zusammen. Der Sprecher kann bei Bedarf noch Ergänzungen vornehmen.

Bei dem nächsten Termin werden die Rollen getauscht und neue Punkte bearbeitet. Haben Sie auf diese Weise nach einigen Monaten alle Punkte vorgestellt, so empfiehlt es sich, das Vorgehen abzuwandeln: Der Sprecher wählt dann ein Thema aus der Liste aus, zu dem er nicht sich selber, sondern den anderen beschreibt, etwa: „Zu den wichtigsten Bezugspersonen in deinem Leben zählt u. a. …, weil …“ Der Zuhörer prüft für sich, ob der andere ihn ausreichend verstanden und wiedergegeben hat.

Mit zunehmender Übung werden Sie Ihre Kenntnisse auch in den kleinen Momenten des Alltags mehr und mehr einbringen. Die größere partnerschaftliche Zufriedenheit wird Sie für Ihre Mühe reichlich entschädigen.

Zusammenfassung

Ressourcen sind kraftspendende Quellen. In einer Partnerschaft sind sie unentbehrlich, wenn die Beziehung gelingen soll.

Die folgende Abbildung fasst die oben beschriebenen Ressourcen, die ein Paar sich für sein Glück erarbeiten sollte, in Form einer Gesamtübersicht noch einmal zusammen:

Abb. 5: Ressourcen aktivieren zur Verbesserung der Beziehung

Konflikte lösen und entschärfen

Soll Ihre Partnerschaft wieder glücklicher und lebendiger werden, benötigen Sie bei der Umsetzung der genannten Anregungen und Übungen Zeit, Ausdauer und Geduld. Wenn Sie die Anregungen über einen längeren Zeitraum umgesetzt haben, können Sie untersuchen, welche der in Ihrem Check-up aufgelisteten Probleme noch bestehen oder in welcher Form sich diese bereits verändert haben. Bestehen die genannten Konflikte unverändert fort? Manchmal ist auch ein umgekehrtes Vorgehen notwendig: Das heißt, Sie können unter Umständen die genannten Anregungen zur Verbesserung der Beziehung erst anwenden, nachdem Sie einen bestimmten Konflikt aus dem Weg geräumt haben.

Lassen Sie uns daher als Nächstes der Frage nachgehen, wie Sie in Ihrer Partnerschaft bestimmte Konflikte lösen oder entschärfen können. Die folgenden Übungen und Anregungen können Sie dazu nutzen, Ihre Probleme in Angriff zu nehmen.

Vom Umgang mit überschaubaren versus komplexen Konflikten

Der Einfachheit halber sollen an dieser Stelle Konflikte eingeteilt werden in überschaubare und komplexe Konflikte. Mit „überschaubaren Konflikten“ sind hier eingrenzbare, relativ konkrete Probleme gemeint. Sie betreffen Themen, über die Paare sich häufig auseinander setzen:

So etwa der Umgang mit der Hausarbeit, die Gestaltung des Berufes, der Umgang mit Finanzen, Kindererziehung, Sexualität und vieles mehr. Überschaubare Konflikte erkennen Sie daran, dass sie ein relativ begrenztes Thema betreffen. Die Streitereien beziehen sich meistens auf konkrete Situationen und Verhaltensweisen – Sie behandeln sich dabei als Partner aber noch respektvoll. Ihr Partner streitet mit Ihnen bei jeder gemeinsamen Fahrt über Ihren zügigen Fahrstil. Sie werfen Ihrem Partner bei entsprechenden Anlässen jedes Mal seine Unpünktlichkeit vor. Die Vorwürfe eskalieren, und Sie bleiben beide unzufrieden mit dem offenen Ergebnis Ihrer heftigen Diskussion.

Sind die Konflikte komplexer Natur, enthalten Sie Probleme, die eher ineinander verschachtelt sind und die unter Umständen seit geraumer Zeit bestehen, so sollen diese der Einfachheit halber hier als „komplexe“ bzw.

"ewige" Konflikte bezeichnet werden. Im Vergleich zu überschaubaren Konflikten sind komplexe Konflikte in der Regel schmerzhafter, beeinträchtigender und zermürbender. Sie beschränken sich häufig nicht auf ein bestimmtes Verhalten oder auf bestimmte Situationen. Vielmehr gibt es unter dem vordergründigen Konflikt häufig einen verborgenen Konflikt. Die im ersten Teil näher beschriebenen „Altlasten" sowie „coabhängige Verstrikkungen" in Partnerschaften sind ein Beispiel für diese Konfliktart. Grundsätzlich kann auch aus jedem überschaubaren Konflikt ein komplexer Konflikt werden. In solch einem Fall ist dann z. B. spürbar, dass unter dem jeweiligen Konfliktthema (Sie streiten in der Partnerschaft über die Unpünktlichkeit Ihres Partners oder seinen zügigen Fahrstil, siehe oben) ein verborgener Konflikt liegt (so kann z. B. dem Streitverhalten eine Respektlosigkeit bzw. eine Abwertung des Partners zugrunde liegen).

Komplexe Konflikte können auch erzeugt werden, wenn bestimmte Bedürfnisse eines Partners verborgen bleiben oder vom anderen nicht respektiert werden. Sie können auch bei völlig konträren Vorstellungen und Wünschen entstehen: Sie möchten arbeiten gehen, Ihr Partner wünscht, dass Sie zu Hause bleiben. Sie möchten ein Haus bauen, Ihr Partner möchte in einer Mietwohnung leben. Sie möchten ein Kind, er möchte nicht.

Bestehen in Ihrer Partnerschaft grundlegende Persönlichkeitsunterschiede, so werden diese immer in irgendeiner Form Teil Ihres Lebens und Ihrer Partnerschaft sein. Aber je nachdem, wie Sie mit diesen Unterschieden umgehen, kann daraus ein komplexer Konflikt entstehen. Dieses „ewige Problem" kann Ihre Partnerschaft sogar zerstören, vor allem dann, wenn diese labil ist. Sie geraten dann immer wieder in die gleiche Sackgasse, werten Ihren Partner ab, spulen Ihre Argumente herunter oder fühlen sich verletzt und abgewiesen.

Im Folgenden möchte ich Ihnen Möglichkeiten aufzeigen, wie Sie mit überschaubaren bzw. komplexen Konflikten umgehen können. Dabei sollten Sie sich zunächst einen Überblick verschaffen über Lösungsstrategien und konkrete Übungen, ohne diese gleich selber umzusetzen. Sie finden im Anschluss an die Übersicht zu den verschiedenen Strategien und Übungen konkrete Hilfestellung für die Umsetzung.

Welche Lösungswege kommen nun für die beiden beschriebenen Konflikttypen in Betracht?

Schauen wir uns zunächst an, wie man mit **überschaubaren** Konflikten umgehen kann. Folgende Lösungsstrategien lassen sich unterscheiden:

1. Akzeptanz
2. Kompromisse
3. Veränderung eines konkreten Verhaltens
4. Verbesserung der Kommunikation

Zu 1: Bei überschaubaren Konflikten besteht zunächst die Möglichkeit der **Akzeptanz.** Dies meint, bei bestimmten Fehlern oder Verschrobenheiten Ihres Partners diese zu akzeptieren, statt permanent zu versuchen, Ihren Partner zu verändern. Angenommen, Sie setzen sich häufig mit Ihrem Partner darüber auseinander, dass er seine Gefühle nicht so zeigen kann wie Sie, dass er eigenbrötlerisch und wenig gesellig ist – solche und viele andere Unterschiede zwischen Ihnen und Ihrem Partner lassen sich noch am ehesten lösen, wenn Sie sich in Akzeptanz üben.

Zu 2: Eine weitere Lösungsstrategie besteht darin, **Kompromisse zu schließen.** Dies setzt voraus, dass Sie sich in Kompromissfähigkeit üben. Um einen Kompromiss zu finden, sollten Sie bereit sein, mit Ihrem Partner zu verhandeln. Resultiert Ihr Konflikt aus unterschiedlichen Bedürfnissen, z. B. beim Thema „Sparen", so sollten Sie von beiden Seiten Zugeständnisse machen und einen Kompromiss suchen.

In vielen Fällen lassen sich die beiden Strategien „Akzeptanz" und „Kompromisse" auch verknüpfen. So können Sie z. B. akzeptieren, dass Ihr Partner in bestimmten Situationen weiterhin vorschnell sein Geld ausgibt. Sie könnten sich mit ihm nach einigen Verhandlungen jedoch auf eine Mindestverpflichtung seinerseits einigen. Danach würde sich Ihr Partner z. B. dazu verpflichten, in einigen speziell festgelegten Situationen sparsam zu sein. Sie könnten sich darauf verständigen, welche Situationen Ausnahmen bleiben, wie beide mit solchen Ausnahmen umgehen möchten, über welche Geldsummen beide Partner selbständig verfügen können etc.

Zu 3: In diesem Fall ist ein Partner bereit, sein **Verhalten zu verändern,** das immer wieder Auslöser für Konflikte darstellt. Bei dem o. g. Beispiel könnte Ihr Partner einwilligen, sparsamer zu werden.

Zu 4: Führen bestimmte problematische Kommunikationsmuster immer wieder zu Konflikten, so besteht eine vorrangige Strategie darin, **die Kommunikation zu verbessern.** Wenn Sie selber z. B. bei einer bestimmten Kritik Ihres Partners häufig abblocken oder sich rechtfertigen, wenn Sie beide nicht wissen, wie Sie eine faire Auseinandersetzung führen können, so müssen Sie damit rechnen, dass Sie mit bestimmten Themen immer wieder in einer Sackgasse landen. Dann kann aus einem grundsätzlich überschaubaren Konflikt auch ein komplexer Konflikt werden. Die Kommunikation zu verbessern ist sicher nicht einfach. Einige Strategien hierzu finden Sie im nächsten Kapitel.

Welche Lösungsstrategien lassen sich nun bei **komplexen** Konflikten anwenden?

1. Akzeptanz
2. Kompromisse
3. Veränderung eines konkreten Verhaltens
4. Verbesserung der Kommunikation
5. Entschärfung oder Lösung des Konfliktes durch gegenseitiges vertieftes Verständnis
6. Professionelle Hilfe

Zu 1: Auch bei einem ewigen Konflikt hat ein Paar grundsätzlich die Möglichkeit, die Unterschiedlichkeit in Bezug auf den strittigen Punkt zu **akzeptieren.** Nehmen wir einmal an, dass sich aus Ihren extrem unterschiedlichen Vorstellungen zum Thema „Sauberkeit im Haushalt" ein komplexer Konflikt entwickelt hat. Sie können diesen Konflikt folgendermaßen lösen: Sie akzeptieren, dass Ihr Partner mehr Wert auf Sauberkeit in Ihrem gemeinsamen Haushalt legt als Sie selber. Umgekehrt zeigt Ihr Partner Verständnis, dass Sie diesbezüglich weniger hohe Ansprüche haben. Sie akzeptieren dementsprechend, dass er mehr Zeit und Arbeit für die Reinigung der Wohnung investiert. Er übernimmt in dieser Hinsicht mehr Arbeit als Sie, allerdings ohne Ihnen Vorwürfe zu machen (in diesem Fall wäre auch die umgekehrte Lösung möglich, d. h., Ihr Partner akzeptiert Ihre gemäßigten Ansprüche und reduziert seine eigenen überhöhten Sauberkeitsansprüche).

Bei Konfliktthemen, die gravierender sind (z. B. Berufstätigkeit, Kinderwunsch) ist es ungleich schwieriger, aber nicht unmöglich, zu einer Akzeptanz zu gelangen. Bedeutet Akzeptanz in diesem Fall, dass ein Partner dem anderen einräumt, seinen Wunsch zu verwirklichen, so besteht die Schwierigkeit für den ersten Partner vor allem darin, auf seine Bedürfnisse zum Teil oder sogar weitgehend verzichten zu müssen. Beide Partner können sich gegenseitig die Frage stellen, welche Folgen es für den Einzelnen hätte, wenn er dem anderen die Erfüllung seines Wunsches zugestehen würde.

Mit einigen gezielten Fragen lassen sich solche Folgen für den Einzelnen konkretisieren: Wenn ein Partner z. B. das Ziel hat, zu akzeptieren, dass seine Partnerin sich selbständig macht, kann er sich hinsichtlich der Folgen folgende Fragen stellen: Kann ich das finanzielle Risiko mittragen? Bin ich bereit, Verzicht zu leisten bezüglich unserer gemeinsamen Freizeit? Bin ich selbstbewusst genug, im Falle eines Erfolges meiner Partnerin mich mit ihr zu freuen und stolz auf sie zu sein (statt mich selber minderwertig zu fühlen)? usw.

Zu 2: Bei komplexen Konflikten ist es im Vergleich zu überschaubaren Konflikten schwieriger, zu einem **Kompromiss** zu finden. Je nachdem, um welches Thema es sich handelt, ist im Einzelfall ein Kompromiss möglich oder auch nicht. Wie wir im Weiteren sehen werden, lassen sich Kompromisse unter bestimmten Voraussetzungen jedoch häufiger realisieren, als man annehmen könnte (s. Punkt 5).

Zu 3: Ein komplexer Konflikt kann häufig gelöst werden, indem ein Partner sein **Verhalten verändert,** das immer wieder Auslöser für Konflikte darstellt.

Zu 4: Ewige Konflikte erübrigen sich manchmal, nachdem ein Paar seine **Kommunikation verbessert** und sich eine konstruktive Streitkultur erarbeitet hat.

Zu 5: Bei komplexen Problemen, die aus konträren Wünschen und Vorstellungen resultieren und die in zermürbenden Streitgesprächen enden, hat sich eine konkrete Übung bewährt, die ich Ihnen vorstellen möchte. Im Folgenden soll beleuchtet werden, vor welchem Hintergrund und mit welcher Zielsetzung sich diese Übung bewährt hat.

Grundlage dieser Übung ist, dass beide Partner die Sehnsüchte und Träume des anderen **kennen und verstehen lernen,** die sich hinter den jeweiligen Wünschen verbergen – von einer Diskussion der konkreten Wünsche soll dabei zunächst ausdrücklich abgesehen werden.

Angenommen, es hat sich in einer Partnerschaft ein ewiger Konflikt daraus entwickelt, dass der Ehemann ein bestimmtes Auto anschaffen möchte (er möchte unbedingt einen Mercedes kaufen) und seine Frau dies ablehnt. Sie möchte am liebsten gar kein Auto. In diesem Fall besteht ein zentraler Schritt für beide darin, anzuerkennen, dass sich hinter den unterschiedlichen Wünschen bestimmte Sehnsüchte bzw. Träume verbergen: Der Ehemann träumt etwa seit seiner Jugend davon, später einmal einen Mercedes zu fahren, weil er damit vielleicht bestimmte schöne Erlebnisse verbindet oder ein sicheres Fahrgefühl, Prestige usw. Seine Frau, die sich vielleicht seit Jahren für den Umweltschutz einsetzt und hiermit bestimmte Ideale und Träume verbindet, möchte unter Umständen durch den Verzicht auf ein Auto einen Beitrag für ihre Ideale leisten.

Einigt sich ein Paar darauf, sich auf diese verborgenen Sehnsüchte und Träume zu konzentrieren, so verändert sich etwas Wichtiges:

Wenn ein Partner die Träume des anderen akzeptieren und auf einer tieferen Ebene verstehen lernt (z. B. die Ehefrau versteht, durch welche Erlebnisse sich die Begeisterung ihres Mannes für einen Mercedes entwickelt hat), verändert sich hierdurch sein Gefühl. Er ist nicht mehr voller Groll, sondern reagiert gelassener auf die Sehnsüchte des anderen.

Mit dem veränderten Gefühl geht auch ein anderer körperlicher Zustand einher. Untersuchungen konnten zeigen, dass auf der Grundlage dieser verbesserten Physiologie (Körper-Seele-Zustand) die Wahrscheinlichkeit größer ist, ein bestimmtes Ziel zu erreichen, d. h. in diesem Fall, das Problem in irgendeiner Form zu lösen.

Das bedeutet: Befinden sich die Partner in einem besseren körperlich-seelischen Zustand, so verbessert sich im Allgemeinen deren Umgang mit dem Problem. Beide Partner haben dabei zu respektieren, dass Sehnsüchte und Träume anerkennenswerte Motive sind. Solche Träume gehören zum menschlichen Dasein dazu, über sie lässt sich nicht streiten. Dies bedeutet nicht, dass jeder Traum auch verwirklicht werden muss. Haben sich die beiden Partner ein vertieftes Verständnis der Sehnsüchte des anderen erarbeitet, so fällt die Lösung eines komplexen Konfliktes zur Überraschung beider häufig ganz anders als erwartet aus.

Die **konkreten Schritte** sehen folgendermaßen aus:

- Legen Sie mit Ihrem Partner einen Termin pro Woche fest.
  Bei bestimmten komplexen Konflikten, die Sie schon seit geraumer Zeit begleiten, benötigt die Übung vielleicht einen längeren Zeitraum (also mehrere Sitzungen, die sich unter Umständen über Wochen oder Monate erstrecken). Halten Sie bei dem jeweiligen Konflikt noch einmal fest, um welche unterschiedlichen Wünsche es geht (um bei dem obigen Beispiel zu bleiben: Ihr Partner möchte einen Mercedes, Sie möchten gar kein Auto kaufen). Einigen Sie sich dann darauf, eine strikte Trennung

zwischen den konkreten Wünschen und den dahinter verborgenen Sehnsüchten vorzunehmen. Sie werden in dieser Sitzung und bei den weiteren Terminen zunächst ausschließlich über die verborgenen Träume diskutieren.
Legen Sie dann fest, wer als Erster über seine Träume und Sehnsüchte, die hinter dem konkreten Wunsch stehen, berichtet. Bleiben Sie als Sprecher so lange – unter Umständen über mehrere Sitzungen – in Ihrer Rolle, bis Sie sich von Ihrem Partner verstanden fühlen. Ihr Partner hat die Aufgabe, Ihnen sein Verständnis mitzuteilen.

- Üben Sie sich als Zuhörer darin, die verborgenen Träume Ihres Partners zu erforschen. Solche Sehnsüchte bestehen in aller Regel nicht erst seit gestern. Vielmehr haben Träume ihre ganz eigene Geschichte. Möchten Sie sich in einem tieferen Verständnis der Träume Ihres Partners üben, so suchen Sie daher die Geschichte bzw. Wurzeln dieser Bedürfnisse in seiner Vergangenheit (der Sprecher tut dies für sich ebenso). Um bei dem o.g. Beispiel zu bleiben: Wenn Sie die Begeisterung und die Träume Ihres Partners, einen Mercedes zu besitzen, verstehen wollen, so stellen Sie möglichst offene Fragen zu seinen früheren Erfahrungen. Zum Beispiel: „Was hast du damals empfunden, als du in deiner Kindheit mit deinem Onkel in seinem Mercedes gefahren bist?“

- Entscheidend für Sie als Zuhörer ist also, dass Sie sensibler für die Träume Ihres Partners werden und diese damit nicht als persönliche Bedrohung empfinden. Wenn Ihr Partner etwa im Unterschied zu Ihnen häufiger etwas allein unternehmen möchte, kann dies z. B. Ausdruck seiner Sehnsucht nach Freiheit und Unabhängigkeit sein. Vielleicht wurde er früher von seiner Mutter stark eingeengt. Oder Sie lernen zu verstehen, dass die übertriebene Sparsamkeit Ihres Partners Ausdruck seines Traumes von Sicherheit ist – eine Sicherheit, die er in seiner Kindheit vielleicht nicht hatte. Egal, welche Träume sich hinter dem Wunsch Ihres Partners verbergen – Sie können lernen, sie zu verstehen.

- Tauschen Sie erst dann die Rollen, wenn Sie sich als Zuhörer nach einer oder mehreren Sitzungen von Ihrem Partner verstanden fühlen.

- Soll Ihre Partnerschaft gelingen, so zeigen Sie Interesse und Wertschätzung hinsichtlich der Träume Ihres Partners. Versuchen Sie nicht, ihn dahingehend zu manipulieren, dass er seine Bedürfnisse aufgibt. Vielmehr sollten Sie versuchen, die Sehnsüchte Ihres Partners zu verstehen und zu unterstützen. Das heißt nicht, dass jeder Traum realisiert werden muss. Es **kann** jedoch bedeuten, dass Sie am Ende bereit sind, Zugeständnisse zu machen, um sich für die Träume Ihres Partners einzusetzen.

- Wenn Sie sich beide hinsichtlich Ihrer Sehnsüchte verstanden fühlen, können Sie in einem letzten Schritt eine **Lösung** erarbeiten. Folgende Lösungen sind möglich:
  a) Sie zeigen Verständnis und Interesse für seine Sehnsüchte.
  b) Sie unterstützen Ihren Partner darin, seinen Traum zu verwirklichen (indem Sie z. B. seine Entscheidung, ein Auto zu kaufen, unterstützen oder umgekehrt Ihr Partner bereit ist, auf ein Auto zu verzichten, um Ihre Ideale zu unterstützen). Dies können Sie auch dann tun, wenn Sie selber seine Sehnsüchte nicht teilen und, in Anlehnung an das obige Beispiel, das Auto selber nicht fahren wollen.
  c) Sie werden Teil seines Traums, indem Sie nicht nur seinen Traum (Autokauf) unterstützen, sondern seine Freude daran (beim Kauf, beim Fahren etc.) mit ihm teilen.

- Manchmal lässt sich eine Lösung auch in Form eines **Kompromisses** erarbeiten. Greifen wir zur Veranschaulichung auf das obige Beispiel zurück: Sie möchten kein Auto, Ihr Partner möchte unbedingt einen Mercedes kaufen. Folgendes Vorgehen hat sich zu diesem Zweck (Suche nach einem Kompromiss) bewährt:

  1. Bestimmen Sie beide Ihre jeweiligen **Mindestforderungen** (eine Forderung, bei der Sie keine Zugeständnisse machen können): Sie zählen bestimmte Maßnahmen auf, mit denen Sie sich weiterhin für den Umweltschutz engagieren wollen (z. B. in Form von bestimmten Energiesparmaßnahmen). Ihr Partner teilt Ihnen mit, dass er auf jeden Fall ein Auto kaufen möchte.
  2. Legen Sie beide Bereiche fest, in denen Sie **flexibel** sein und Zugeständnisse machen können. Sie kommen z. B. zu dem Schluss, dass Sie sich mit einem Auto einverstanden erklären können, das eine minimale Schadstoffbelastung für die Umwelt garantiert, solange Ihr Partner Sie in bestimmten anderen Bereichen bei Ihren gewünschten Energiesparmaßnahmen unterstützt. Ihr Partner erklärt, dass er mit dem Kauf eines Autos unter Umständen noch etwas warten und hinsichtlich der Automarke Zugeständnisse machen kann. Er kann sich z. B. vorstellen, zunächst mal eine andere Automarke zu kaufen, um sich vielleicht später

einen Mercedes anzuschaffen. Mit dem Kauf eines Autos kann er grundsätzlich noch eine Weile warten, solange er sich sicher ist, dass Sie ihn bei der Verwirklichung seines Wunsches (Autokauf) unterstützen.
3. Entwerfen Sie einen **zeitlich befristeten Kompromiss,** bei dem Sie die Träume von beiden berücksichtigen: Sie entscheiden sich z. B., ein umweltschonendes, schadstoffarmes Auto (voraussichtlich einen VW) zu kaufen, jedoch erst in einem Jahr. In der Zwischenzeit unterstützt Ihr Mann Sie bei bestimmten Energiesparmaßnahmen und durch Spenden für den Umweltschutz. Sie selber erklären sich bereit, zusammen mit Ihrem Partner jeden Monat eine gewisse Summe für das Auto zurückzulegen und sich gemeinsam mit ihm zum Thema „schadstoffarme Autos" beraten zu lassen. Sie verständigen sich darauf, dass Sie sich nach dem Kauf des umweltfreundlichen Fahrzeugs nach einem, spätestens aber nach zwei Jahren erneut zusammensetzen wollen, um über die Anschaffung eines Mercedes zu diskutieren.

Bei der Umsetzung der einzelnen Schritte werden Sie vielleicht auf Schwierigkeiten stoßen. Möglicherweise bemerken Sie ein Unbehagen, sich auf die Sehnsüchte Ihres Partners einzulassen. Vielleicht befürchten Sie dabei, Ihre eigenen Wünsche und Bedürfnisse aus den Augen zu verlieren. Manche hören sich vielleicht sagen: „Wozu diese Arbeit? Was bringt uns das?" Wenn Sie bei solchen Schwierigkeiten und Fragen dazu neigen, eher die Beziehung in Frage zu stellen als an diesem Punkt durchzuhalten, so sollten Sie Folgendes berücksichtigen: Partner, die sich in ihre Beziehung mit Bedürfnissen, Wünschen und Forderungen einbringen und auseinander setzen, haben in der Regel eine glücklichere Partnerschaft als Partner, die ihre Träume vernachlässigen oder gar verdrängen.

Zu 6: Chronische Konflikte erfordern nicht selten **professionelle Hilfe.** Wenn Sie aus eigener Kraft einen zermürbenden, ewigen Konflikt nicht lösen oder entschärfen können, so sollten Sie sich nicht scheuen, fachliche Hilfe in Anspruch zu nehmen. Wenn Sie z. B. Ihre Kommunikationsprobleme allein nicht lösen können oder wenn Altlasten bzw. coabhängige Verstrickungen bestehen, ist professionelle Unterstützung oft unentbehrlich.

Nachdem Sie nun eine Übersicht über die beiden Konflikttypen (überschaubare versus komplexe Konflikte) und deren Lösungsmöglichkeiten erhalten haben, können Sie sich jetzt an die konkrete Umsetzung begeben.

Nehmen Sie noch einmal die Liste zur Hand, auf der Sie Ihren Check-up zusammengetragen haben.

1. Welche Konfliktbereiche bestehen noch in Ihrer Partnerschaft?
2. Teilen Sie dann Ihre einzelnen Probleme jeweils in „überschaubare“ bzw. „komplexe“ Konflikte ein.
3. Wählen Sie von den oben beschriebenen Lösungswegen für das jeweilige Problem eine geeignete Lösungsstrategie aus. Wenn Ihr Partner dazu bereit ist, können Sie gemeinsam mit ihm die verschiedenen Lösungsmöglichkeiten diskutieren. Vielleicht gelingt es Ihnen, sich auf eine Lösung zu verständigen. Ist dies nicht möglich oder sinnvoll, so sollten Sie klären, ob sich Ihre unterschiedlichen Lösungsstrategien nebeneinander vertragen.
4. Führen Sie die jeweilige Lösungsstrategie durch. Für den Fall, dass Sie sich für eine Strategie entscheiden, die in den nächsten Abschnitten näher beschrieben wird, so warten Sie mit der Durchführung noch so lange, bis Sie sich einen Überblick über die entsprechende Übung verschafft haben.

Um diese Schritte zu konkretisieren, soll an dieser Stelle noch einmal auf das obige Beispiel von Eva zurückgegriffen werden.

Hinsichtlich ihrer drei Problembereiche und deren anstehender Bewältigung geht Eva folgendermaßen vor:

Den ersten Problembereich (mangelnde Loyalität ihrem Partner gegenüber infolge unzureichender Abgrenzung von der eigenen Ursprungsfamilie) ordnet sie als „komplexen Konflikt“ ein. Zu dieser Schlussfolgerung gelangt sie, weil sie die Auseinandersetzungen mit ihrem Partner zu dieser Thematik immer als sehr schmerzlich und zermürbend empfunden hat und sich die Streitereien über dieses Problem nun schon über Jahre erstrecken. Als Lösungsstrategie für diesen Konflikt wählt sie ihre eigene Veränderung, d. h., sie möchte lernen, sich weiter von ihrer Ursprungsfamilie abzugrenzen. Sie ist sich darüber im Klaren, dass diese Veränderung für sie ein schwieriger Prozess sein wird. Daher möchte sie sich für ihr Ziel die Möglichkeit offen halten, ggf. auf fachliche Unterstützung zurückzugreifen. Die Inanspruchnahme professioneller Hilfe will sie davon abhängig machen, wie sehr sie unter den Konflikten mit ihren Eltern leiden wird, die u. U. durch ihre Veränderung heraufbeschworen werden.

Als zweiten Problembereich hatte Eva festgehalten: Wir haben noch keinen genügend sicheren Raum für Streitgespräche und Diskussionen geschaffen. Sie ordnet dieses Problem den „überschaubaren Konflikten“ zu.

Für ihren eigenen Anteil an diesem Problem wählt sie als Lösungsstrategie die eigene Veränderung (sie möchte daran arbeiten, Kritik ihres Partners sachlich anzunehmen und sich mit ihrem Fehlverhalten auseinander zu setzen, statt abzublocken und zu manipulieren). Eva und Hans kommen nach gemeinsamer Diskussion über ihre misslungenen Auseinandersetzungen zu dem Schluss, dass auch Hans einen Anteil an diesem Problem hat. Daher möchten beide als weitere Lösungsstrategie konkrete Übungen zur Verbesserung ihrer Kommunikation durchführen, um konstruktive Streitgespräche zu lernen (siehe nächster Abschnitt).

Im Hinblick auf das dritte Partnerproblem (unerledigter Konflikt bzw. Altlast: Eva macht Hans seit Jahren Vorwürfe über seine früheren leichtsinnigen Geldausgaben) ordnet Eva dieses Problem den „komplexen Konflikten“ zu. Als Lösung für diesen unerledigten Konflikt wählt sie die eigene Veränderung. D. h., sie möchte Hans sein Fehlverhalten verzeihen lernen. Nachdem Eva gemeinsam mit Hans über den Umgang mit diesem Problem und seinen möglichen Anteil daran gesprochen hat, einigen sich die beiden folgendermaßen: Sollte Eva mit ihren Bemühungen um ein Verzeihen an eine Grenze stoßen (d. h., sie würde Hans in diesem Fall immer noch grollen), so wollen beide prüfen, ob Eva sich mit ihrem angesammelten Ärger über Hans' Fehlverhalten von diesem evtl. nicht ausreichend verstanden fühlt. Für diesen Fall nehmen sich beide vor, durch gezielte Übungen ihre „Altlasten“ abzubauen (siehe „Altlasten abbauen durch gezielte Auseinandersetzung und Vergebung“). Zusätzlich wollen beide untersuchen, wie sie mit dem inzwischen selteneren Fehlverhalten von Hans umgehen wollen (der jetzt nur noch in Ausnahmefällen dazu neigt, vorschnell sein Geld auszugeben). Hans und Eva wollen für dieses verbleibende Fehlverhalten nach Kompromissen suchen. Eva ihrerseits möchte lernen, das Fehlverhalten von Hans in seltenen Ausnahmefällen zu akzeptieren.

Wenn Sie in der beschriebenen Weise an Ihre Konflikte herangehen, werden Sie bei der Umsetzung feststellen, an welchen Punkten die gemeinsame Arbeit mit ihrem Partner eine wertvolle, vielleicht sogar unverzichtbare Hilfe darstellt. Belohnen Sie sich für kleine Zwischenschritte und Erfolge! Legen Sie nach einem Übungsabschnitt Pausen ein, in denen Sie Luft holen und auch mal zurückschauen dürfen – mit der Wertschätzung für das, was Sie bis hierhin schon unternommen und erreicht haben.

Übungen bei Kommunikationsproblemen: Konstruktives Streiten lernen

Wenn Konfliktgespräche scheitern, liegt ein entscheidender Grund dafür häufig in der misslungenen Kommunikation. Kommunikationsprobleme, die Konflikte verschärfen und eskalieren lassen, finden sich in vielen Partnerschaften. Dies ist ganz verständlich, bedenkt man einmal, wie wenig wir in unserer Gesellschaft über die wichtige Kunst zu streiten lernen.

Scheitert Ihre Konfliktbewältigung daran, dass Ihnen das Rüstzeug zu einer fairen Auseinandersetzung fehlt, so besteht eine Lösungsstrategie in der Verbesserung Ihrer Kommunikation. Es ist sicher nicht leicht, aber es lohnt sich, eine angemessene Streitkultur in Ihrer Partnerschaft zu erwerben. Was Sie dazu vor allem benötigen, ist Entschlossenheit sowie Bereitschaft, sich durch einen längeren Übungsprozess neue Strategien anzueignen.

Im Folgenden soll es daher um die zentrale Frage gehen: Wie lässt sich die Wahrscheinlichkeit erhöhen, Konflikte mit Hilfe einer klaren Kommunikation zu lösen oder zumindest zu entschärfen? Für dieses Ziel haben sich einige spezielle Regeln und ein Übungsrahmen bewährt, die ich Ihnen im Weiteren vorstellen möchte. Sie können diese als Grundlage für Ihr eigenes Übungsprogramm nutzen.

Sofern Sie zunächst noch einmal prüfen wollen, ob der Grund für Ihre gescheiterten Konfliktgespräche in Ihrer Kommunikation liegt, empfiehlt sich folgendes Vorgehen: Untersuchen Sie Ihre Konfliktgespräche weniger darauf, worüber Sie streiten, sondern vielmehr darauf, **wie** Sie sich auseinander setzen. Prüfen Sie dabei mit Hilfe des Kapitels „Partnerkonflikte: Die Ebene der Kommunikation“ im ersten Teil des Buches, welche Merkmale für Störungen in Ihrer Kommunikation sorgen.

Die nachfolgend illustrierten Strategien und Regeln können Sie als Übungsprogramm sowohl bei überschaubaren als auch bei komplexen Konflikten durchführen; also z. B. bei Konflikten, die bisher zu Endlos-Streitereien oder gegenseitigen Schuldzuweisungen führten. Ebenso bei Themen, über die Sie sich immer wieder auseinander setzen – ohne zu einer Lösung zu gelangen. Oder ganz einfach, wenn Sie feststellen, dass Ihre Beziehung einen Raum für konstruktives Streiten benötigt.

Schauen wir uns zunächst einige Regeln an, die sich für das Ziel, konstruktiv zu streiten, bewährt haben:

1. Sie brauchen einen geschützten Raum, wo Sie ungestört Ihren Ärger und Ihre Meinung zum Ausdruck bringen können. Als hilfreich hat sich

die Vereinbarung erwiesen, nicht zu streiten, wenn Sie mit etwas anderem beschäftigt sind (z. B. gerade das Geschirr abwaschen, wenn Sie ein Streitgespräch führen möchten).

2. Üben Sie sich in Selbstbeherrschung, wenn Sie gerade nicht den richtigen Zeitpunkt und den richtigen Rahmen für einen Streit haben. Es erfordert Selbstkontrolle, die Wut dann zurückzuhalten. Aber es lohnt sich zu warten, bis sich eine günstige Gelegenheit ergibt. Ihre Beziehung wird daran reifen.

3. Da Untersuchungen zeigen konnten, dass ein „grober Auftakt" (z. B. eine sofortige Anklage) bei einem Konflikt diesen eher eskalieren lässt, sollten Sie es mit einem „weichen" Auftakt probieren, etwa: „Du bist mir wichtig, und deshalb möchte ich etwas mit dir besprechen."

4. Einigen Sie sich darauf, zunächst einmal nicht an einer Lösung für das Problem zu arbeiten. Vielmehr geht es zuerst darum, durch wechselseitiges Verstehen den Ärger des anderen und seine Wahrnehmung der Dinge zuzulassen. Hierdurch wird Nähe zueinander wieder möglich.

5. Bevor Sie als Sprecher Ihrem Ärger Luft machen, stellen Sie sich zuvor einige hilfreiche Fragen. Fragen Sie sich:

   - Worüber ärgere ich mich wirklich? Worum geht es mir?
   - Was sind die tieferen Gründe meines Ärgers?

   Denken Sie daran, dass sich hinter dem Ärger häufig etwas anderes verbirgt. Angenommen, Sie ärgern sich darüber, dass Ihr Mann Ihnen im Haushalt nicht, wie vielleicht zugesichert, einige Dinge abgenommen hat. Fragen Sie sich: Geht es mir in erster Linie um die praktische Hilfe im Haushalt? Oder geht es mir vielmehr darum, dass ich mich von ihm nicht respektiert und unterstützt fühle? Fühle ich mich durch letzteres gekränkt und verärgert, oder stört es mich auch, dass er seine Versprechungen nicht einhält?
   Durch solche Fragen können Sie sich selber besser erforschen und damit mehr Verantwortung für sich übernehmen; z. B. für das, was Sie möchten, sowie für die Dinge, die Sie nicht mögen. Auch können Sie mit solchen Fragen eher erreichen, dass Sie über das Wesentliche streiten, statt den Konflikt auf einem Nebenschauplatz auszutragen. Sie set-

zen sich dann mit Ihrem Partner über Ihre tieferen Gefühle und Bedürfnisse auseinander (z. B. darüber, dass Sie von ihm Respekt und Unterstützung wünschen); und diese Gefühle und Bedürfnisse sind weder gut noch schlecht. Sie sind einfach da und sollten zugelassen werden.

6. Wenn Sie als Sprecher über Ihren Ärger und über Ihre Sicht der Dinge reden, so tun Sie dies in der Ich-Form. Bei dem Ausdruck Ihres Ärgers sollten Sie vermeiden, Ihren Partner als Mensch abzuwerten bzw. schlecht zu machen. Versuchen Sie, Formulierungen wie „immer", „nie" oder „du musst" etc. zu vermeiden. Sagen Sie stattdessen Dinge wie „Ich ärgere mich, dass du gestern ..." Versuchen Sie, Ihre Kritik am Verhalten Ihres Partners festzumachen.

7. Für den Zuhörer gilt:
Nehmen Sie den Ärger Ihres Partners einfach an, ohne sich zu verteidigen, ohne die Gründe für Ihr Verhalten zu erklären, ohne seinen Ärger zu relativieren. Versuchen Sie auch nicht, ihm seinen Ärger auszureden oder etwas zu bewerten. Üben Sie sich vielmehr darin, ihm einfach zuzuhören, dabei ggf. offene Fragen zu stellen und ihm das Gesagte anschließend zu spiegeln. Hierdurch üben Sie empathisches Verstehen.

Werfen wir nun einen Blick auf einen **Übungsrahmen,** der sich vor dem Hintergrund der genannten Regeln für konstruktive Streitgespräche bewährt hat. Dieser Rahmen soll nun mit Hilfe eines Beispiels veranschaulicht werden.

Birgit und Jan streiten sich häufig über Jans Unpünktlichkeit. Die Auseinandersetzungen eskalieren regelmäßig. Die beiden Partner fühlen sich unverstanden und sind inzwischen frustriert über die gescheiterten Auseinandersetzungen. Hier ein Ausschnitt einer Kommunikationsübung der beiden Partner:

Birgit: Unsere Partnerschaft ist mir sehr wichtig. Deshalb möchte ich heute nicht zum hundertsten Mal fordern, dass du beim nächsten Mal pünktlich bist. Vielmehr möchte ich dir sagen, wie es mir mit deiner Unpünktlichkeit geht, und wie sehr du unsere Beziehung damit belastest.

Jan: Gut, dann fange mal an. Ich werde mir Mühe geben, dich zu verstehen.

Birgit: Ich bin sehr wütend, dass ich häufig abends ein oder zwei Stunden auf dich warten muss. Du sagst morgens, du kommst um 18.00 Uhr nach Hause, und bist tatsächlich oft erst um 19.00 oder 20.00 Uhr wieder da. Du sagst mir dann später, was du alles noch erledigst hast oder dass mehr Arbeit im Büro anfiel. Ich stelle mich aber darauf ein, dass du tatsächlich um 18.00 Uhr nach Hause kommst. Auch mit dem Abendessen stelle ich mich darauf ein.

Jan: Du ärgerst dich also vor allem über das Warten?

Birgit: Ja, das auch. Aber ich ärgere mich auch und bin verletzt, weil ich mich dann von dir nicht respektiert und mit meinen Bedürfnissen nicht ernst genommen fühle. Ich bin sauer, weil du nicht merkst, was du mir damit zumutest. Und wenn ich meine Gefühle genauer betrachte, bin ich in solchen Situationen vor allem auch in Sorge. So manches Mal habe ich mir schon ausgemalt, dass du einen Unfall hattest. Ich erlebe es als rücksichtslos, wie du mit diesen Sorgen umgehst. Und ich bin ärgerlich, wenn du deine schlechte Angewohnheit damit abtust, dass du sagst, deine Unpünktlichkeit sei nun einmal ein Wesenszug von dir.

Jan: Ich versuche gerade mir vorzustellen, wie du dich gefühlt haben musst bei der Vorstellung, dass mir etwas passiert sei. Da musst du manchmal ganz schön Angst gehabt haben.

Birgit: Ja, genau, das ist dann sehr belastend. Hinzu kommt, dass dein Herumtrödeln vor irgendwelchen Verabredungen mit unseren Freunden auch schon öfter dazu geführt hat, dass wir viel zu spät zu einer Verabredung kamen. Während ich zu Hause auf dich warten muss, könnte ich platzen vor Wut. Wenn wir dann bei unseren Freunden erscheinen, ist mir das Ganze sehr peinlich, und ich schäme mich, was wir mit unserer Verspätung auch denen zumuten. Dann habe ich manchmal Schuldgefühle und bin unsicher, was ich sagen und als Erklärung vorbringen soll. Das ist dann auch eine große Belastung.

Jan: Du hast also selber in solchen Situationen ein schlechtes Gewissen und schämst dich, wenn wir meinetwegen zu spät kommen. Du denkst dann darüber nach, wie die anderen sich wohl fühlen, wenn sie auf uns so lange warten müssen. Ich bin betroffen zu hören, was ich sowohl dir als auch offenbar unseren Freunden damit zumute.

Birgit: Ja, das tust du. Und ich fände es gut, wenn du dir darüber weitere Gedanken machst …

Beim Lesen dieses Beispiels haben Sie sicher bemerkt, dass eine Auseinandersetzung im Alltag ganz anders aussieht. Aus psychologischen Gründen empfiehlt es sich jedoch, dass Sie sich an diesen Rahmen halten. Wie Sie dem Übungsbeispiel entnehmen können, liegt die Basis für ein faires Streitgespräch in dem Verständnis, welches der Zuhörer für den Sprecher aufzubringen versucht. Der Sprecher (in diesem Fall Birgit) kann seine Verletzung bzw. seinen Ärger früher oder später nur loslassen, wenn der Zuhörer dessen Gefühle ernst nimmt und ihn mit seinem Erleben und seiner Sicht der Dinge versteht.

Und nun zur **konkreten Umsetzung** (Ablauf) der Übung:

Legen Sie ein bis zwei Gesprächstermine pro Woche fest, bei Bedarf auch mehr. Die Termine sollten etwa 30 Minuten umfassen. Wichtiger als die reine Gesprächszeit ist jedoch, dass Sie sich beide darauf verständigen, das Gespräch an einem für beide akzeptablen Punkt zu beenden (z. B. wenn Sie beide mit dem (Zwischen-)Ergebnis zufrieden sind).

Bei einigen Konflikten ist es günstiger, wenn Sie beide abwechselnd Sprecher oder Zuhörer sind. In diesem Fall hat der Sprecher 5 Minuten Redezeit für seine Anliegen und darf vom Zuhörer nicht unterbrochen werden. Letzterer kann sich zwischenzeitlich aber Notizen machen. Im Anschluss an die Redezeit des Sprechers gibt der Zuhörer sein Feedback, d. h., er versucht möglichst präzise die Ausführungen des Partners zusammenzufassen, bis sich dieser in allen Punkten verstanden fühlt. Dann werden die Rollen getauscht. Je nachdem, wie lange das Feedback des Zuhörers jeweils dauert, können zwei bis drei Durchgänge erfolgen.

Bei anderen Themen und Konflikten hat es sich als hilfreich erwiesen, die Rollen nicht zu tauschen (siehe obiges Beispiel). In diesem Fall geht es für den Sprecher in erster Linie darum, seinem Erleben Ausdruck zu verleihen. Der Zuhörer hat dann ausschließlich die Aufgabe, den Sprecher in seinen Empfindungen zu verstehen und ihm dieses Verständnis zu spiegeln.

Am Ende des Gespräches sollten Sie sich auf ein bestimmtes Ritual einigen (z. B. sich umarmen, Händedruck oder Ähnliches). Sie können dann die Auseinandersetzung über die besprochenen Themen bzw. deren Fortsetzung auf den nächsten Termin verschieben.

Wenn Sie lernen wollen, ein faires Konfliktgespräch zu führen, benötigen Sie unter Umständen mehrere Übungsdurchgänge, die sich über einen längeren Zeitraum erstrecken können. Dabei sollten Sie sich zuverlässig an die Regeln und den Rahmen halten. Schwierigkeiten und Rückschritte dürfen Sie sich während Ihres Lernprozesses zugestehen (Sie sollten damit rechnen, dass Sie während einer Übung oder im Alltag in Ihr altes Fehlverhalten zurückfallen, z. B. indem Sie sich rechtfertigen oder die Kritik Ihres Partners abblocken). Es empfiehlt sich, dass Sie sich erst dann auf eine Lösung für einen bestimmten Konflikt verständigen, wenn Sie sich ein ausreichendes Verständnis erarbeitet haben.

Die Verbesserung der Kommunikation stellt hohe Ansprüche an Sie. Zögern Sie daher nicht, professionelle Hilfe aufzusuchen, falls Sie mit Ihren Bemühungen in eine Sackgasse geraten.

Ein wertvoller Effekt dieser Selbsthilfeübungen besteht darin, dass Sie endlose Auseinandersetzungen nach einiger Zeit vermeiden und mit zunehmender Übung weniger Zeit benötigen, um sich mitzuteilen und vom anderen verstanden zu werden. Nicht zuletzt kann durch die Übungen Ihr Einfühlungsvermögen wie auch das Ihres Partners gesteigert werden – also die Fähigkeit, die Welt mit den Augen des anderen zu sehen. Und diese Fähigkeit bedeutet für Sie eine enorme Selbsterweiterung. Sie überwinden die Grenzen Ihres Selbst und erfahren durch Ihren Partner unendlich viel mehr Facetten dieser Welt.

Altlasten abbauen durch gezielte Auseinandersetzung und Vergebung

Altlasten sind, wie Sie bereits im ersten Teil gelesen haben, unerledigte Konflikte in Ihrer Partnerschaft, die Sie bisher nicht angemessen lösen oder verarbeiten konnten. Altlasten können – dies wurde schon erwähnt – als komplexe Konflikte eingeordnet werden.

Die Dringlichkeit, nach Lösungen für solche Konflikte zu suchen, liegt auf der Hand, wenn man sich noch einmal deren destruktiven **Auswirkungen** auf eine Beziehung vergegenwärtigt.

Der ungelöste Konflikt kann dazu führen, dass unterschwellig Aggressionen und Verletzungen auf einer ganz anderen Ebene ausgetragen werden: Da eskalieren plötzlich Meinungsverschiedenheiten, die eigentlich sachlich ausgetragen werden könnten, es werden Türen geknallt, der Partner wird abgewertet usw. Die Auswirkungen können auch in einer Sprachlosigkeit und Distanz zwischen den Partnern sichtbar werden.

Wegen seines noch vorhandenen Grolls kann der eine Partner unter Umständen nicht mehr offen und vorbehaltlos auf den anderen zugehen und sich nicht mehr wirklich auf die Beziehung einlassen. Auch kann die Gesundheit durch unerledigte Verletzungen und verdrängte Gefühle beeinträchtigt und sogar zerstört werden. Und schließlich – dies konnten Sie bereits dem Kapitel Prüfsteine für eine glückliche Partnerschaft entnehmen – kippt in aller Regel die Gleichwertigkeit in der Partnerschaft als Folge der unerledigten Verletzungen. Damit ist eine wichtige Voraussetzung für das Gelingen einer Beziehung nicht mehr gegeben. Von Trennung als eine letzte Konsequenz von Altlasten war in diesem Buch bereits beispielhaft die Rede.

Die Frage nach der Entstehung von Altlasten lässt sich noch verhältnismäßig leicht beantworten – die Suche nach einer Lösung gestaltet sich dagegen oft schwierig. Dies bereits deshalb, weil die Lösungswege sich nicht trennen lassen von der Frage der Verantwortlichkeit und damit der Zuständigkeit der Partner für den jeweiligen Konflikt.

Schon bei einfachen Konflikten und Meinungsverschiedenheiten stellt sich im Alltag die Frage nach der Verantwortlichkeit und damit nicht selten nach der Schuld (Wer hat Recht? Wer hat Schuld?); bei Altlasten hat diese Frage ein ungleich größeres Gewicht.

Bevor im Weiteren demonstriert wird, wer für die Lösung einer Altlast zuständig ist – ein Partner oder beide Partner gemeinsam – und wie solch eine Lösung aussehen kann, sollen daher zunächst einige Anmerkungen zur Verantwortlichkeit von Gefühlen gemacht und eine wichtige Unterscheidungsebene herangezogen werden zur Verdeutlichung von **angemessenen** versus **unangemessenen** Gefühlen und Verhaltensweisen.

Die folgenden Ausführungen stellen eine Hilfskonstruktion der Realität dar, die Ihnen helfen soll, Lösungswege für komplexe Probleme zu finden.

Nach diesem Modell ist jeder Mensch für seine Gefühle und sein Handeln selbst verantwortlich. Diese Verantwortung ergibt sich u. a. durch seine Sicht und Einstellung zu den Dingen, die ihm widerfahren – in diesem Fall zu den Verhaltensweisen seines Partners. Dem Partner kann aber durch sein Verhalten, das für den anderen der Auslöser für dessen Gefühle und Bewertungen ist, durchaus eine Mitverantwortung für dessen Empfindungen zukommen. Dies ist z. B. der Fall, wenn ein Partner durch sein Fehlverhalten bei dem anderen eine Kränkung auslöst (indem er den anderen beispielweise vor Dritten respektlos behandelt). Bei unmittelbarer Gewalt durch den Partner (Schläge, Vergewaltigung etc.) trägt der Gewalttätige die alleinige

Verantwortung für den Schmerz, den er bei dem anderen unmittelbar auslöst. Hier spielen die Bewertungen des Betroffenen für die **unmittelbare** Schmerzempfindung keine Rolle (für die spätere Verarbeitung der Tat spielt die Bewertung durch den Betroffenen hingegen sehr wohl eine Rolle).

Eskaliert eine Auseinandersetzung oder kommt es zu Gewalt, so ist der Dynamik in dem System (Partnerschaft) ebenfalls Rechnung zu tragen: Wenn z. B. ein Partner den anderen schlägt, so ist er u. U. vom anderen vorher provoziert worden (Gewaltspirale). Der Provozierende hat dann seinerseits eine Mitverantwortung an der Eskalation des Konfliktes.

Nehmen wir zur Veranschaulichung dieser Zusammenhänge ein Beispiel:

Yvonne ist gekränkt und verärgert, als sie von ihrer Freundin erfährt, dass Willi, ihr Lebensgefährte, sich ohne ihr Wissen schon länger nach einer neuen gemeinsamen Wohnung umschaut. Willi hatte vermieden, Yvonne in diese Planung einzubeziehen, da er wusste, dass seine Freundin gerne in der alten gemeinsamen Wohnung bleiben wollte. Er selber wünschte sich eine schönere Wohnung. Willi hatte sich überlegt, seine Partnerin erst dann in die Entscheidung einzubeziehen, wenn er eine interessante Wohnung in Aussicht haben würde. Yvonne erlebt eine **angemessene** Kränkung, indem sie die (angemessene) Einstellung hat: „Ich hätte mir gewünscht, dass Willi mich in seine Planungen einbezieht. Unsere weitere Wohnungsperspektive betrifft uns schließlich beide.“ Willi hat als Auslöser für ihre Kränkung und ihren Ärger eine Mitverantwortung für ihre Gefühle. Er hat sich nicht loyal und respektvoll seiner Freundin gegenüber verhalten.

Hat ein Partner jedoch eine **unrealistische** bzw. **irrationale** Einstellung zu einem bestimmten Verhalten des anderen, so leistet er zumindest einen Beitrag zu dem resultierenden Problem oder ist sogar ausschließlich selber für seine **unangemessenen** Gefühle verantwortlich. Dazu ein zweites Beispiel:

Doris hat die (irrationale) Einstellung, dass sich ihr Lebensgefährte Franz (der ihr treu ist und sie liebt) auf Feiern und öffentlichen Veranstaltungen ausschließlich mit ihr beschäftigen und mit keiner anderen Frau sprechen oder dieser in irgendeiner Form Beachtung schenken darf. Wenn ihr Partner sich auf einer gemeinsamen Einladung doch einmal mit einer anderen Frau unterhält oder gar mit einer anderen tanzt, reagiert sie unangemessen eifersüchtig und wütend. Die Streitgespräche der beiden Partner über solche Anlässe eskalieren seit langem regelmäßig. Hieraus hat sich inzwischen ein chronischer Konflikt entwickelt. Doris macht ihrem Freund immer wieder Vorwürfe über Verhaltensweisen, die schon lange zurückliegen und bei denen er sich anderen Frauen zuwandte (Altlast). Sie gibt ihm die Schuld für ihre quälenden Gefühle. Doris trägt in diesem Fall die alleinige Verantwortung für diesen Konflikt aufgrund ihrer problematischen Einstellung.

Das erste Beispiel macht deutlich, dass sich in bestimmten Fällen beide Partner für die Lösung des jeweiligen Konfliktes zuständig fühlen sollten. In dem genannten Beispiel ist Willi der Auslöser von Yvonnes Kränkung. Er sollte sich daher mit ihr über den Vorfall bzw. sein Fehlverhalten auseinander setzen.

In dem zweiten Fall wird beispielhaft verdeutlicht, dass unter Umständen nur ein Partner für die Lösung zuständig ist (in diesem Fall hätte Doris ihre unangemessene Einstellung zu verändern – etwa in der Weise, dass sie nicht mehr jeglichen Kontakt ihres Partners zu anderen Frauen als Beweis seiner Untreue bzw. ihrer mangelnden Attraktivität interpretiert).

Eine problematische Einstellung zu einem bestimmten Fehlverhalten des anderen kann dazu führen, dass aus einem grundsätzlich überschaubaren Konflikt eine Altlast und damit ein komplexer Konflikt wird. Um dies an dem ersten Beispiel zu verdeutlichen:

Angenommen, Willi entschuldigt sich bei Yvonne für seine fehlende Loyalität. Er bedauert sein Verhalten und verspricht seiner Freundin, sie ab jetzt wieder in die gemeinsamen Planungen einzubeziehen. Wenn Yvonne in diesem Fall die irrationale Einstellung hat, dass sie ihrem Freund nicht verzeihen kann, da er diesen Fehler **nie** hätte begehen **dürfen** und er aufgrund dessen ein **schlechter Mensch** ist, so kann sich durch ihre daraus resultierende Verachtung für ihn und ihren anhaltenden Groll eine Altlast für die Partnerschaft entwickeln.

Für die Lösung eines Konfliktes, insbesondere einer Altlast in Ihrer Partnerschaft, bedeutet dies, dass Sie (als Gekränkter) in einem ersten Schritt prüfen sollten, ob Sie aufgrund einer problematischen Einstellung entweder zu dem Problem einen Beitrag leisten oder sogar ausschließlich selber dafür verantwortlich sind (damit auch für die Lösung). Häufig bleibt aber, selbst wenn Sie Ihren Anteil bearbeitet und Ihre Einstellung verändert haben, noch eine restliche (angemessene) Kränkung über das Fehlverhalten des anderen zurück.

Soll hieraus keine Altlast entstehen (unerledigte Kränkung) bzw. wenn Sie die bereits entstandene Altlast abbauen wollen, so sollten Sie sich **beide** für die Bewältigung (Lösung) zuständig fühlen.

Die Lösung lautet in diesem Fall: **Verzeihen.** Wenn die Lösung der bisher unerledigten Konflikte einen positiven Verlauf nehmen soll, werden Sie sich zwangsläufig gegenseitig diverse Fehler verzeihen müssen. Wenn Sie Ihrem Partner verzeihen, werden Sie beide Gewinner sein. Denn Gnade bzw. Vergeben ist, wie Shakespeare bereits im *Kaufmann von Venedig* schreibt, „zweifach gesegnet: Sie [die Gnade bzw. das Vergeben] segnet den, der gibt und den, der nimmt".

Dem Partner zu verzeihen ist im Einzelfall nicht so einfach, wie das hier klingt. Erst recht dann nicht, wenn der Gekränkte vom anderen mit seinen angemessenen Gefühlen gar nicht verstanden wurde bzw. wird. Um bei dem obigen Beispiel (fehlende Einbeziehung des Partners bei wichtigen Planungen) zu bleiben: Wenn Ihr Partner sich auf Wohnungssuche begibt, ohne Sie einzubeziehen, so haben Sie sich Ihre angemessene Kränkung erst einmal zuzugestehen und bewusst zu machen. Reagiert Ihr Partner auf Ihre Kränkung bzw. Ihren Ärger etwa mit den Worten „Nun stell dich doch nicht so an!", so trägt er sein Übriges dazu bei, dass Sie ihm nicht ohne weiteres verzeihen können.

Erfahrungsgemäß fällt es dem Gekränkten leichter, dem anderen zu verzeihen, wenn zwei Bedingungen gegeben sind:

1. Wenn er vom anderen lange genug mit seinen verletzten Gefühlen gehört und verstanden wurde.
2. Wenn derjenige, der die Kränkung ausgelöst hat, ernsthaftes Bemühen zeigt, sein Fehlverhalten zu verändern.

Für die Umsetzung der ersten Bedingung sind Sie beide zuständig. Hier können Sie als **Lösungsstrategie** die im letzten Abschnitt beschriebene Kommunikationsübung zum fairen Streiten als Modell für Ihre Auseinandersetzung verwenden (siehe Ausschnitt zu Birgits und Jans Diskussion).

Diese Übung lässt sich auch bei unerledigten Konflikten, die noch zwischen Ihnen und Ihrem Partner stehen, einsetzen. Um Altlasten abzubauen, benötigen Sie die oben vorgestellte zweite Variante (d. h., einer berichtet über seine Gefühle und seine Sicht der Dinge, der andere hat ausschließlich die Aufgabe, zuzuhören und zu verstehen). Je nach Schwere und Bedeutung eines unerledigten Konflikts kann sich der Prozess der Auseinandersetzung unter Umständen über mehrere Termine erstrecken (die Bedeutung, die eine Sache für Sie als Gekränkter hat, bestimmen ausschließlich Sie selber).

Halten Sie sich während der Gespräche an die Regel, bei einem Übungsdurchgang immer nur bei einem Thema zu bleiben.

Damit die Wunden heilen können, sollte der Partner, der die Verletzung ausgelöst hat, für seine Reaktion im Rahmen der Übungen Folgendes berücksichtigen:

Nicht seine Einschätzung und Wahrnehmung der Situation sind ausschlaggebend. Es spielt auch keine Rolle, ob er bewusst, beabsichtigt oder unbeabsichtigt die Kränkung bei dem anderen durch sein Verhalten ausgelöst hat oder nicht. Entscheidend ist vielmehr, dass er akzeptiert, dass er den Schmerz bzw. den Ärger bei seinem Partner ausgelöst hat. In der Regel kann die Auseinandersetzung schneller beendet werden, wenn er in der Lage ist, Verständnis zu zeigen, Verantwortung zu übernehmen bzw. sich zu entschuldigen (etwa: „Es tut mir leid" oder „Ich kann verstehen, wie du dich fühlst, bitte entschuldige mein Verhalten!"). Er kann auch Überlegungen über irgendeine Art von Wiedergutmachung anstellen. Hierdurch wird Vergebung und Aussöhnung erleichtert.

Für die oben genannte zweite Bedingung ist der Partner zuständig, der die Kränkung beim anderen ausgelöst hat. Die **Lösungsstrategie** lautet hier: Veränderung des problematischen Verhaltens. Wichtig ist, dass der veränderungswillige Partner Verpflichtungen eingeht, die er auch einhält.

Damit Sie Ihre eigenen Altlasten nun in Angriff nehmen und sich an die Umsetzung der Strategien begeben können, sollen die Lösungsschritte nachfolgend noch einmal kurz **zusammengefasst** werden:

1. Klären Sie als Betroffener (Gekränkter) in einem ersten Schritt **für sich selber:** Trage ich durch eine unangemessene Einstellung zu der Altlast bei oder trage ich hierdurch möglicherweise sogar die alleinige Verantwortung? Wenn ja, lautet die Lösungsstrategie: Einstellungsänderung.

2. Wenn nein, bzw. wenn eine Einstellungsänderung nicht ausreicht und eine angemessene Restkränkung zurückbleibt, lautet das Ziel: **Verzeihen.** Dies lässt sich am ehesten realisieren durch
   - **gemeinsame Arbeit** mit dem Partner an dem unerledigten Konflikt. Lösungsstrategie: Übungen bei Kommunikationsproblemen: Konstruktives Streiten lernen;
   - **Veränderung eines konkreten Verhaltens** durch den Partner, der die Verletzung ausgelöst hat.

Ein Beispiel soll die Umsetzung dieser Schritte – vereinfacht – veranschaulichen:

Barbara und Werner sind seit 5 Jahren verheiratet. Die Partnerschaft ist seit geraumer Zeit von Altlasten überschattet, zu denen beide einen Beitrag geleistet haben. Das Problem begann vor ca. 3 Jahren, als Barbara unerwartet ihrer Jugendliebe wieder begegnete und daraufhin nach kurzer Zeit Werner Hals über Kopf verließ. Werner erlebte damals einen regelrechten Schock und entwickelte infolge der Trennung eine melancholische Stimmung. Nach einigen Monaten vollständigen Kontaktabbruchs besann sich Barbara anders, die inzwischen bei ihrem früheren Freund eingezogen war. Sie wollte ihre Entscheidung rückgängig machen und zu Werner zurückkehren. Werner hatte keinerlei Einwände. Im Gegenteil: Er war erleichtert und schätzte sich glücklich, dass die schlimme Trennungsphase ein Ende hatte und er mit seiner Frau wieder zusammenleben konnte. Nach der Rückkehr von Barbara vermieden beide, sich über das Vorgefallene auseinander zu setzen. Werner vermied auf diese Weise, wieder mit seinen schmerzlichen Gefühlen in Berührung zu kommen – er wollte „einen Neuanfang machen und alles vergessen“. Seine Frau war insgeheim dankbar, dass Werner ihr über ihre damalige Trennung keine Vorwürfe machte, da sie manchmal Schuldgefühle plagten. Als der Alltag in ihrer Beziehung wieder einkehrte, trat nach und nach ein neues Problem in Erscheinung. Werner ging dazu über, in Gegenwart Dritter über seine Frau verletzende und abwertende Äußerungen zu machen. Wenn z. B. gemeinsame Freunde die beiden auf ihre vorübergehende Trennung ansprachen, reagierte Werner nur kurz und knapp mit einem aggressiven Tonfall: „Barbara hat einfach versagt“ oder „Barbara hat sich wie eine Pubertierende verhalten.“ Barbara fühlte sich schmerzlich getroffen, sie war gekränkt und wütend. Zunächst vermied sie es, sich mit ihrem Mann über seine verletzenden Äußerungen auseinander zu setzen, da sie glaubte, nicht das Recht dazu zu haben. Insgeheim erlebte sie die verletzenden Aussagen von Werner als gerechte Strafe für ihre damalige Trennung. Im Weiteren platzte ihre Wut über Werners Bemerkungen jedoch aus ihr heraus.

Als der Konflikt sich nach einiger Zeit hochzuschaukeln begann und für beide zermürbend wurde, setzten sie sich zusammen. Zum ersten Mal gelang es ihnen, sich einzugestehen, dass es Altlasten, d. h. unverarbeitete Kränkungen und Aggressionen von beiden Seiten gab, die die Partnerschaft zu zerstören drohten.

Um den unerledigten Konflikt zu lösen, klärten beide zunächst, welche Altlasten zwischen ihnen standen. Werner erkannte, dass er seinen Trennungsschmerz und seinen Ärger damals lediglich verdrängt, jedoch sich nicht die Zeit gegeben hatte, mit diesen Gefühlen auch von seiner Frau nach deren Rückkehr ausreichend gehört und verstanden worden zu sein. Barbara wiederum klärte Werner darüber auf, dass eine zweite Altlast für sie in der Respektlosigkeit und Abwertung durch Werner bestand, die dieser in Gegenwart Dritter ihr gegenüber gezeigt hatte. Beide trennten diese beiden Punkte und nahmen sich vor, zunächst die erste Altlast zu lösen.

Hinsichtlich dieser Altlast fand Werner in einem **ersten Schritt** für sich heraus, dass er durch seine unangemessene Einstellung zumindest einen Beitrag zu der Altlast leistete. Nach seiner Grundüberzeugung durfte in einer Partnerschaft ein Partner den anderen nicht verlassen – und wenn er es doch tat, so hatte dieser Mensch nach Werners Dafürhalten moralisch versagt. Er korrigierte seine Einstellungen dahingehend, dass es in Partnerschaften keine Garantien gibt und ein Partner den anderen durchaus verlassen **darf,** ohne deshalb ein schlechter Mensch zu sein. Er erkannte jedoch, dass die Art und Weise, wie ihn seine Frau verlassen hatte, sehr enttäuschend für ihn war und seine wichtigsten Bedürfnisse verletzt hatte (indem sie ihn bei ihrer damaligen Trennung ignoriert und auch Gespräche mit ihm verweigert hatte). Mit dem daraufhin verbleibenden Schmerz und Ärger setzten sich Werner und Barbara in einem **zweiten Schritt** in Form von Kommunikationsübungen auseinander. Nach einigen Gesprächen konnten die beiden die Übungen abschließen – da es Barbara gelungen war, Verständnis für die schmerzlichen Gefühle von Werner aufzubringen, die sie damals bei ihm ausgelöst hatte. Umgekehrt spürte Werner eine Erleichterung darüber, dass seine Frau Verständnis und Mitverantwortung zeigte, wodurch es ihm wiederum möglich war, seinen Groll nach und nach loszulassen.

Die Umsetzung des **dritten Schrittes** (Veränderung des problematischen Verhaltens durch Barbara) erwies sich für die beiden zunächst als schwierig. Werner wünschte sich von Barbara, dass diese ihm versprach, ihn nie wieder zu verlassen – was beide jedoch in dieser absoluten Form als irrational erkannten. Er konnte seinen Wunsch jedoch in eine angemessene Mindestforderung umwandeln: So wünschte er sich von Barbara, dass sie – sofern sie jemals wieder eine Trennung in Erwägung ziehen würde – der Partnerschaft **vorher** noch eine ausreichende Chance geben sollte, entweder durch gemeinsame Gespräche oder in Form einer Paartherapie. Barbara konnte sich mit diesem Wunsch einverstanden erklären.

Die gemeinsame Arbeit an dieser Altlast vollzog sich über acht Termine in einem Zeitraum von acht Wochen (ein Termin pro Woche). Nachdem sie diese Arbeit erfolgreich abschließen konnten, ließen sie sich etwas Zeit, um in ähnlicher Weise die zweite Altlast (Barbaras unerledigte Kränkung über Werners Respektlosigkeit) in Angriff zu nehmen. Die Partnerschaft der beiden entspannte sich nach dieser Arbeit zunehmend, der Umgang miteinander – auch vor Dritten – wurde wieder freundlicher und respektvoller. Alles in allem war es den beiden gut gelungen, die Wunden vernarben zu lassen, so dass sie wieder offen aufeinander zugehen konnten.

Werfen wir nun noch einen Blick auf einige Fragen, die Ihnen bei der Umsetzung der genannten Schritte wertvolle Hilfe leisten können. Fragen Sie sich:

- Um welche konkrete Altlast geht es?
- Woran erkenne ich, das ich diese Sache bzw. die zugrunde liegenden Gefühle noch nicht losgelassen habe? Bei der Beantwortung dieser Frage geht es darum, ehrlich zu sich selber zu sein und sich nichts vorzumachen. Wenn Sie etwa feststellen, dass ein bestimmter Auslöser ausreicht, um die Kränkung oder die schmerzlichen Bilder wieder aufsteigen zu lassen, dann sollten sie den Mut aufbringen, sich mit dem jeweiligen Konflikt auseinander zu setzen (in dem obigen Beispiel stellten an Werner gerichtete Fragen bzgl. der Trennung einen Auslöser für die Aktualisierung seines unerledigten Konfliktes dar).
- Wie schwer wiegt diese Angelegenheit für mich/für unsere Partnerschaft?
- Wo genau in meinem Körper spüre ich noch diese Wut bzw. diesen Schmerz?
- Wie bin ich bzw. wie sind wir bisher damit umgegangen?
- Welche Auswirkungen hatte diese Altlast bislang auf unsere Partnerschaft (aus meiner Sicht – aus der Sicht meines Partners)? Welche Folgen hat das für mich selber (etwa geringes Selbstwertgefühl oder Verbitterung)?
- Was würde sich verändern (positives Zielbild), wenn ich diese Verletzung loslassen könnte (für mich selber – für unsere Partnerschaft)?
- Bin ich bereit, meinem Partner zu verzeihen? Wenn ja, unter welchen Bedingungen?

Wichtig ist es, für die Beantwortung der letzten Frage in sich hineinzuhorchen. Erlauben Sie sich, Ihre verletzten Gefühle, den alten Schmerz noch mal zu spüren. In dem erneut durchlebten Schmerz steckt auch das Wissen darüber, was diese verletzte Seite von Ihnen braucht (z. B., dass Sie von Ihrem Partner ausreichend verstanden werden), um den Schmerz loszulassen und durch ein angemessenes Gefühl zu ersetzen. Halten Sie diese Dinge einfach fest. Sie können sich später mit Ihrem Partner darüber auseinander setzen.

Und zuletzt noch ein wichtiger Hinweis:
Rechnen Sie damit, dass solche Übungen mit dem Partner die alten Gefühle erst mal wieder aufbrechen lassen. Nehmen Sie daher umso sorgfältiger auch die Erleichterung wahr, die sich neben den belastenden Gefühlen nach und nach einstellt. Spüren Sie nach einer Übung Ihren Gefühlen nach. Vielleicht merken Sie nach einer konkreten Übung an Ihren Gefühlen, dass Sie einen Teil Ihres Kummers schon losgelassen haben. Fragen Sie sich bzw. Ihren evtl. noch verbleibenden Schmerz, ob Sie noch mehr Zeit und noch mehr Übungsdurchgänge mit Ihrem Partner benötigen.

Nachdem Sie beide eine bestimmte Altlast mehr oder weniger abgearbeitet haben, sollten Sie sich für Ihre Arbeit belohnen. Einigen Sie sich darauf, z. B. durch einen festlichen Abend zu zweit gemeinsam zu würdigen, was Sie geleistet haben. Es hat sich bewährt, nach dieser Phase der Auseinandersetzung erst mal etwas Zeit verstreichen zu lassen und Energie aufzutanken, bevor Sie sich dem nächsten Thema (in der Regel eine Altlast, welche den anderen Partner noch belastet) zuwenden.

Von der Coabhängigkeit zum Coengagement

Wenn ein bestimmtes „ewiges Problem" Ihre Partnerschaft jetzt noch belastet, so sollten Sie in Erwägung ziehen, dass sich unter diesem chronischen (komplexen) Konflikt möglicherweise eine coabhängige Verstrickung verbirgt. In der Regel bedarf es professioneller Hilfe, um eine coabhängige Verstrickung aufzulösen und durch coengagiertes Verhalten zu ersetzen. Die folgenden Ausführungen machen diese Hilfe zwar nicht überflüssig, sie sollen Ihnen jedoch einen Einblick vermitteln, welche charakteristischen Merkmale eine coengagierte Beziehung auszeichnen und welche Lösungsstrategien dementsprechend für diesen Veränderungsprozess erforderlich sind. Vielleicht kann die Beschreibung dieser Merkmale und Strategien Ihr Interesse und Ihre Neugierde wecken. In diesem Fall möchte ich Sie einladen, nach coabhängigen Mustern in Ihrer eigenen Partnerschaft Ausschau zu halten und ggf. erste Schritte in Richtung einer coengagierten Beziehung zu wagen.

Coengagement ist als Gegenstück zur Coabhängigkeit in unserer Gesellschaft selten anzutreffen. Wir sind fast alle mit coabhängigen Verstrickungen um uns herum aufgewachsen. Zur Vergegenwärtigung dieser Verstrikkungen noch mal einige Beispiele:

Die Eltern sind mit ihrem Kind im Auto unterwegs. Der Vater zündet sich eine Zigarette an. Wegen des Rauches fängt das Kind auf dem Rücksitz an zu husten. Die Mutter fordert ihren Mann nicht auf, das Rauchen im Auto einzustellen, um Ärger und Streit zu vermeiden. Nachdem das Kind anfänglich noch protestiert, wird es sich, vor allem wenn sich die Situation wiederholt und die Mutter es nicht schützt, an die Situation gewöhnen. Es wird seinen Ärger – auf beide Elternteile – früher oder später nicht mehr spüren. Die Wahrscheinlichkeit ist groß, dass dieses Kind es später selber für relativ normal hält, wenn andere in seiner Gegenwart rauchen, ohne zuvor um Erlaubnis zu fragen.

Beim Einkauf in einem Geschäft registriert ein Kunde, wie ein anderer Kunde heimlich einen Gegenstand aus einem Regal nimmt und unter seinem Mantel versteckt. Der Dieb fühlt sich unbeobachtet. Der Kunde, der den Diebstahl entdeckt, zögert kurz, während der andere im Hintergrund verschwindet und an der Kasse nur die Gegenstände aus dem Einkaufswagen auf das Fließband legt. Innerhalb von Sekunden entscheidet sich der Beobachter dann, den Vorfall nicht anzuzeigen. Er rechtfertigt sein coabhängiges Verhalten vor sich selber mit der Einstellung: „Was geht mich das an?"

Ein Büroangestellter befindet sich in einer coabhängigen Verstrickung mit seinem Kollegen. Er weiß von diesem, dass er an den Wochenenden gerne und ausgiebig feiert, dabei viel trinkt und in der Folge montags häufig der Arbeit fernbleibt (d. h. „krankfeiert" wegen Kopfschmerzen). Er unterstützt diesen Missstand nicht nur durch sein Schweigen, sondern auch dadurch, dass er die Arbeit des Kollegen an solchen Tagen noch mit übernimmt. Manchmal ärgert er sich über seinen Kollegen und die Mehrarbeit. Er redet sich dann jedoch ein, dass er für solche Dinge Verständnis haben sollte.

Um eine coabhängige Verstrickung in eine coengagierte Partnerschaft umzuwandeln, bedarf es eines Prozesses. Und am Anfang dieses Prozesses stehen zwei Voraussetzungen:

1. Der Übergang von einer coabhängigen Verstrickung zum Coengagement bedeutet, aus einem Zustand aufzuwachen, der zuvor überwiegend unbewusster Natur war. Dieser Übergang kann zunächst hart sein. Der Weg zum Coengagement lohnt sich aber, weil nur hierdurch wirkliche Nähe und Zufriedenheit in Ihrer Partnerschaft hergestellt werden können.
   Was das „Aufwachen" u. a. bedeuten kann, lässt sich an dem o. g. ersten Beispiel gut erläutern: Das Aufwachen könnte für die Mutter darin bestehen, dass sie sich erstens überhaupt eines Missstandes bewusst wird (sie realisiert, dass das Kind gegen seinen Willen und in gesundheitsschädigender Weise den Rauch der Zigarette inhalieren muss, da der Vater bei seiner eigenen Bedürfnisbefriedigung auf das Kind keine Rücksicht nimmt); dass sie sich – zweitens – ihrer problematischen Mitverantwortung an dem Missstand bewusst wird (indem sie erst gar nicht versucht, ihren Mann von seinem Fehlverhalten abzuhalten). Und schließlich hätte sie sich klar zu machen, dass sie – wenn sie ihr Kind schützen will – ihrem Mann eine Forderung stellen müsste. Das Aufwachen kann für die Mutter auch darin bestehen, dass sie die Notwendigkeit der Veränderung ihres übertriebenen Harmoniebedürfnisses in der Partnerschaft realisiert.

2. Coengagement ist nur möglich, wenn **beide** Partner eine solche Beziehung anstreben. Daher sollten Sie sich selber und Ihren Partner fragen,

ob Sie beide zu diesem Prozess bereit sind. Nur wenn Sie sich bewusst für eine coengagierte Partnerschaft entscheiden, können Sie sich aus einer coabhängigen Verstrickung befreien. Dies bedeutet eben auch, zu akzeptieren, dass sich die Spielregeln in Ihrer Partnerschaft zwangsläufig verändern werden (s. u.).

Schauen wir uns nun einige zentrale Merkmale und Lernschritte an, die Coengagement und den Weg dorthin charakterisieren. Zur Erinnerung und zum Vergleich können Sie noch einmal im ersten Teil dieses Buches die Merkmale der Coabhängigkeit nachlesen:

a) In einer coengagierten Partnerschaft werden nicht schlechte Angewohnheiten, sondern ausschließlich das gesunde Potenzial des anderen gefördert. Der Prozess des Bewusstwerdens bedeutet konkret, dass Sie bei sich selber und bei Ihrem Partner schlechte Angewohnheiten – darunter auch Süchte – erkennen. Stellen Sie sich dabei selber und Ihrem Partner die Frage, ob Sie bereit sind, daran zu arbeiten.
In dem obigen Beispiel könnte die Ehefrau ihren Mann auffordern, dem Kind zuliebe im Auto auf das Rauchen zu verzichten. Sie könnte ihn darüber hinaus fragen, ob seine Gesundheit es ihm wert ist, darüber nachzudenken, mit dem Rauchen aufzuhören.

b) In einer coengagierten Beziehung darf die Wahrheit ausgesprochen werden. Dieser Schritt setzt voraus, dass beide daran arbeiten, die Realität angemessen wahrzunehmen und sich nichts vorzumachen. Fragen Sie sich: „Gibt es in unserer Beziehung Tabuthemen? Ist es erlaubt, in unserer Partnerschaft die Wahrheit auszusprechen?“

c) Coengagierte Partnerschaften erkennt man u. a. an einem gesunden Umgang mit Grenzen: Die eigenen Grenzen und die des Partners werden wahrgenommen und respektiert. Grenzen dürfen in Form von Wünschen oder Forderungen dem Partner gesetzt werden. Überprüfen Sie für sich: Werden in Ihrer Partnerschaft Grenzen respektiert? Können bzw. dürfen Sie sich wechselseitig Grenzen – d. h. auch Wünsche und Forderungen – stellen?

Wenn Sie in Ihrer Partnerschaft üben wollen, Kritik durch Wünsche zu ersetzen, so kann die folgende Übung wertvolle Hilfe leisten:

Legen Sie einen Termin pro Woche fest, nachdem Sie zunächst die wichtigsten Kritikpunkte am anderen schriftlich festgehalten haben. Eine besondere Herausforderung bei dieser Übung besteht darin, von Ihrer zugrunde liegenden Kritik zu einer ausschließlich positiven Wunschaussage zu gelangen. Also statt „Du solltest dich nicht so schlampig kleiden." – „Ich möchte, dass du dich abends zum Essengehen schick anziehst." Oder statt „Du sollst nicht immer zu spät kommen!" – „Ich möchte, dass du pünktlich bist. Sollte dir dies in Ausnahmefällen nicht möglich sein, möchte ich, dass du mich anrufst und in Kenntnis setzt."

Die Veränderungswünsche müssen sich auf konkrete Verhaltensweisen beziehen und präzise formuliert sein. In einer Sitzung sollten Sie beide jeweils einen Wunsch an Ihren Partner richten. Die einzelnen Wünsche sollten realistisch, akzeptabel und konkret durchführbar sein. Legen Sie im Gespräch fest, wie sie beide die Umsetzung der konkreten Wünsche im Alltag vollziehen wollen. Schließlich verpflichten Sie sich beide dazu, die jeweiligen Vereinbarungen einzuhalten.

d) Um eine coabhängige Partnerschaft in eine coengagierte Beziehung umzuwandeln, sollten sich beide Partner die **Spielregeln** in Ihrer Beziehung bewusst machen und ggf. verändern (s. o.). Die zentrale Frage lautet: Welche Art von Beziehung haben wir? Haben wir eine Beziehung, in der wir Missstände tabuisieren oder in der die Wahrheit (über schlechte Angewohnheiten) ausgesprochen werden darf – in der wir keine Grenzen ziehen dürfen oder in der es erlaubt ist, Grenzen in Form von Wünschen und Forderungen zu ziehen? In einer coabhängigen Partnerschaft lautet eine zugrunde liegende typische Spielregel: Wir sind uns – unausgesprochen – darin einig, Missstände zu tabuisieren und Konflikte zu vermeiden, indem wir uns keine Grenzen setzen. In einer coengagierten Partnerschaft lautet die zentrale Spielregel hingegen: In unserer Partnerschaft ist es erlaubt, die Wahrheit (über Missstände) auszusprechen und Grenzen zu ziehen.

e) Für eine coengagierte Beziehung ist erforderlich, dass beide Partner sich in Selbstliebe üben. Nur wer sich selber liebt, kann andere (seinen Partner) lieben. Nur wenn Sie sich selber respektieren und wichtig nehmen, können Sie das, was Sie mögen, sowie das, was Sie nicht mögen, für wichtig erachten, um sich dafür einzusetzen und um Grenzen zu ziehen bzw. etwas einzufordern. Klären Sie daher für sich: Wie steht es um

Ihr Selbstvertrauen? Was können Sie ggf. tun, um Ihr Selbstvertrauen zu stärken?

f) Unter der Voraussetzung der Selbstliebe sorgen Sie zunächst einmal gut für Ihre eigenen Bedürfnisse, statt zu funktionieren (und damit Konflikte zu vermeiden). Eine coengagierte Partnerschaft erfordert Selbstbesinnung statt Außenorientierung (und damit Selbstbestimmung statt Fremdbestimmung). Fragen Sie sich: Richte ich meine Wahrnehmung vorrangig nach innen, um zu spüren, wie ich mich fühle und was ich brauche? Oder bin ich in der Regel sensibler für die Gefühle und Bedürfnisse meines Partners und weiß, was dieser von mir erwartet?

g) Um zu wissen, was Sie wollen oder um Ihrem Partner zu sagen, was Sie nicht wollen, ist eine genaue Erforschung und Wahrnehmung Ihrer Gefühle und Bedürfnisse erforderlich. Nur wenn Sie im Kontakt sind mit Ihren Gefühlen – dabei vor allem auch mit Ihren Aggressionen – und Bedürfnissen, können Sie Wünsche äußern, Grenzen ziehen sowie Konflikte austragen.

h) Für eine coengagierte Partnerschaft ist erforderlich, dass Sie Ihre Ängste vor Auseinandersetzungen durch eine gesunde Konfliktfähigkeit ersetzen. Zu diesem Merkmal gehört auch die Stärke, den eigentlichen Konflikt zu erkennen und auszutragen. Dies bedeutet z. B., Tabuthemen anzusprechen und dabei einen handfesten Streit zu riskieren. Überprüfen Sie daher für sich: Wie steht es um meine Konfliktfähigkeit? Was kann ich ggf. tun, um meine Konfliktfähigkeit zu verbessern?

i) In einer coengagierten Beziehung arbeiten beide Partner daran, Nähe zuzulassen. Hier legt jeder Partner seine Schwächen und Defizite offen, die ihn an der notwendigen Nähe zum anderen hindern. Beide unterstützen sich gegenseitig darin, an diesen Schwächen zu arbeiten. Klären Sie für sich: Welche Defizite hindern mich bzw. meinen Partner, uns auf Nähe einzulassen?

j) Beide Partner arbeiten in einer coengagierten Partnerschaft daran, ein gesundes Maß an Verantwortung für sich selber und den Partner zu übernehmen. Hat ein Partner z. B. zu viel (d. h. eine problematische) Verantwortung für eine schlechte Angewohnheit des anderen übernommen (z. B. dessen Schulden bei leichtsinnigen Geldausgaben getilgt), so

steigt er aus seiner problematischen Rolle aus. Dies bedeutet auch, den Partner die Folgen seiner schlechten Angewohnheit selber spüren und tragen zu lassen. Nur so kann dieser selber Verantwortung für seine Defizite und Fehler sowie für den notwendigen Veränderungsprozess übernehmen.
Entscheidend ist, dass jeder Partner die volle Verantwortung für sich selbst übernimmt; ebenso für die Muster und Realität, die er in seiner Partnerschaft geschaffen hat. Hierdurch werden Wachstum, Kreativität und Erfüllung für den Einzelnen und die Beziehung als solche ermöglicht. Verantwortung für sich selber zu tragen ist die Voraussetzung dafür, dass Sie auch aus Ihrer vertrauten Opferrolle aussteigen (in der Sie sich über Ihren Partner beklagt haben, ohne wirklich etwas zu verändern).

k) Schließlich willigen in einer coengagierten Partnerschaft beide Partner ein, sich an Vereinbarungen und Absprachen zu halten. Fragen Sie sich selber und Ihren Partner, ob Sie beide zu diesem Schritt bereit sind.

Wie aus den beschriebenen Merkmalen und Lernschritten hervorgeht, decken sich einige dieser Lösungen mit den weiter oben beschriebenen Lösungsstrategien für komplexe Konflikte: so etwa die Verbesserung der Kommunikation durch konstruktives Streiten und die Veränderung eines konkreten Verhaltens (bei schlechten Angewohnheiten). Im Unterschied aber zu der o. g. Lösungsstrategie „Akzeptanz" besteht bei coabhängigen Partnerschaften die Lösungsstrategie bei Missständen gerade in Form von „Nicht-Akzeptanz". Wie aus den Beispielen hervorgeht, betreffen hier die grundsätzlich neuen Lösungsstrategien die Ebene der Grenzen (Wünsche und Forderungen stellen) und Spielregeln. Und hiervon sind immer beide Partner betroffen. Ist nur ein Partner bereit, Grenzen zu ziehen und Grenzen zu akzeptieren, der andere jedoch nicht, kippt das Gleichgewicht in der Partnerschaft. Daher müssen stets beide Partner an einer Veränderung mitwirken, wollen sie ihre Partnerschaft in eine coengagierte Beziehung umwandeln.

Zur Veranschaulichung dieser Merkmale soll an dieser Stelle auf das Ehepaar Birgit und Hans zurückgegriffen werden. Die beiden Partner wurden im ersten Teil dieses Buches vorgestellt. Wie Sie sich vielleicht erinnern, bestand die schlechte Angewohnheit von Hans darin, sich und seine Familie durch seinen riskanten Fahrstil regelmäßig in gefährliche Situationen zu bringen. Dieses Verhalten war inzwischen ein Tabuthema in der Kommunikation der beiden Eheleute geworden. Nach einer Reihe von gescheiterten Auseinandersetzungen riskierte Birgit es nicht mehr, Hans auf sein problematisches Verhalten anzusprechen. In der coabhängigen Verstrickung mit ihrem Mann unterstützte sie seine schlechte Angewohnheit, indem sie ihm keine Grenze setzte. Als Folge der abgespaltenen Wut litt sie unter psychosomatischen Beschwerden, Hautproblemen und Magenbeschwerden. Sie konnte auch die Kinder nicht schützen, die häufig dem riskanten Fahrstil ihres Vaters ausgeliefert waren. Umgekehrt duldete Hans ebenfalls einige schlechte Angewohnheiten von Birgit, ohne dass er darauf bestand, dass sie diese änderte (Birgit gab regelmäßig zu viel Geld aus, machte Schulden). Der Anlass für beide Partner, aufzuwachen und sich ernsthaft um eine Veränderung zu bemühen, war ein Beinaheunfall der Familie aufgrund eines riskanten Überholmanövers von Hans. Nachdem die beiden Partner „aufwachten" und ihre coabhängige Verstrickung erkannten, stellten sie sich die Frage, ob in ihrer Beziehung überhaupt Wünsche und Forderungen gestellt werden durften. Beide erkannten die Notwendigkeit, sich gegenseitig Grenzen zu ziehen, um nicht länger ihre schlechten Angewohnheiten, sondern nur noch ihr gesundes Potenzial zu unterstützen. Birgit und Hans arbeiteten daran, ihren zuvor stark verdrängten Ärger wieder zu spüren. Ebenso bestand ein entscheidender Schritt für beide darin, sich und ihre Bedürfnisse wichtiger zu nehmen. Dies waren notwendige Voraussetzungen, um dem anderen angemessene Grenzen zu setzen. Eine Schwierigkeit bestand darin, ihre verzerrte Realitätswahrnehmung zu korrigieren (Birgit hatte zuvor die schlechte Angewohnheit von Hans als „seine Schwäche für schnelle Autos und Motorräder" aufgefasst, für Hans war es so, dass er Birgits problematischen Umgang mit Geld als „Großzügigkeit" und „üppigen Lebensstil" eingeordnet hatte). Nachdem beide die Realität angemessener wahrnehmen konnten, war es ihnen möglich, die Wahrheiten – die zuvor Tabuthemen waren – auszusprechen. Dabei erklärte Birgit ihrem Mann: „Mit deinem riskanten Fahrstil gefährdest du dein bzw. unser Leben. Ich möchte, dass du dir einen sicheren Fahrstil angewöhnst und uns alle drei nicht mehr in Gefahr bringst." Hans sagte zu Birgit: „Ich schaue nicht mehr dabei zu, wie deine Probleme im Umgang mit Geld für uns immer größere Schulden zur Folge haben. Ich möchte, dass du daran arbeitest, bessere Grenzen im Umgang mit Geld zu finden, und dass du die von dir verursachten Schulden nach und nach tilgst." Die Partner handelten Vereinbarungen aus (Umgang mit Geld und Geschwindigkeit), zu deren Einhaltung sie sich verpflichteten. In dem Veränderungsprozess stießen beide auf Widerstände bei sich selber und ihrem Partner, als es darum ging, sich gegenseitig Grenzen zu setzen.

Beide lernten dabei, Konflikte auszutragen und Aggressionen bei sich und dem anderen zuzulassen. Alles in allem gewann die Beziehung von Birgit und Hans an Lebendigkeit und Zufriedenheit im Zuge ihres umfangreichen Veränderungsprozesses.

Der komplexe Veränderungsprozess, den ein Paar auf dem Weg zu einer coengagierten Partnerschaft durchlaufen muss, kann für die Zwecke dieses Buches selbstverständlich nur angerissen, jedoch bei weitem nicht vollständig beschrieben werden. Es sei darauf hingewiesen, dass ein Selbsthilfeprogramm zum Thema „Coengagement“ eine Therapie nicht ersetzen kann. Und dies liegt, wie wir schon gehört haben, in der Sache selbst begründet: Coabhängigkeit ist eine mehr oder weniger unbewusste Verstrickung, deren Veränderung zu den schwierigsten zählt. Hier ist professionelle Hilfe durch einen Experten, der mit dieser Thematik vertraut ist, häufig unverzichtbar.

Wann professionelle Hilfe suchen?

Sie haben nun eine Reihe von Möglichkeiten kennen gelernt und möglicherweise für sich genutzt, um Ihre Beziehung zu verbessern und ggf. bestehende Konflikte in Angriff zu nehmen. Lassen Sie sich Zeit, jetzt Bilanz zu ziehen: Welche Probleme haben Sie bereits erfolgreich verändert? Mit welchen Konflikten und Bemühungen sind Sie vielleicht an eine Grenze gekommen? Sollten Sie sich bei einem bestimmten Problem trotz aller Versuche nicht von der Stelle bewegen, so ist zu überlegen, ob eine Paarberatung bzw. Paartherapie ein möglicher Weg sein könnte, Ihre Schwierigkeiten als Paar zu klären und zu bewältigen. Liegen die Probleme jedoch mehr auf Seiten eines Partners, so kann auch eine Einzelberatung oder eine Einzeltherapie eine angemessene Lösung sein.

Sollten Sie professionelle Hilfe in Erwägung ziehen, jedoch noch unsicher sein, können Ihnen die folgenden Kriterien mehr Klarheit und eine Entscheidungshilfe bieten. Sie stellen Bedingungen bzw. Anhaltspunkte dar, wann professionelle Hilfe indiziert ist:

- Wenn ein Paar immer wieder in bestimmte Muster (Fixierungen), Schleifen oder Sackgassen gerät, sollte an eine Paartherapie gedacht werden. Dies kann sich z. B. darin zeigen, dass die Partner in gegenseitigen Schuldzuweisungen verharren und dabei auf der Stelle treten.

- Werden bestimmte Wiederholungsmuster bzw. -zwänge, die über die verschiedenen Partnerschaften hinweg gelebt wurden, deutlich, so ist dies ebenfalls ein Indikator, professionelle Hilfe zu suchen. Sie stellen z. B. fest, dass dies bereits der dritte Partner ist, mit dem Sie nicht richtig streiten bzw. dem Sie keine Grenzen setzen können. Oder Sie stellen fest, dass Sie zum wiederholten Male von einem Partner verlassen wurden. In diesem Fall wäre die Frage zu stellen: Was hat dies mit Ihnen zu tun? Nicht selten zeigen sich Wiederholungsmuster auch darin, dass man erneut mit einem Partner zusammen ist, der bestimmte Eigenschaften bzw. Probleme hat (etwa Angst vor Nähe oder ein Suchtproblem).

- Wenn es dem Paar trotz vieler Bemühungen nicht gelingt, erfolgreich miteinander zu streiten und hierdurch möglicherweise alte Verletzungen nicht ausgeräumt werden können, sollte an professionelle

Hilfe gedacht werden. Haben sich Altlasten in einer Beziehung erst einmal aufgetürmt, die das Paar aus eigener Kraft nicht abbauen kann, ist professionelle Hilfe in der Regel unentbehrlich.

- Wird das Beziehungsklima bzw. die Kommunikation von Sprachlosigkeit oder Feindseligkeit geprägt, die das Paar nicht überwinden kann, so sollte es sich ebenfalls um eine Paarberatung/-therapie bemühen.

- Fachliche Hilfe sollte aufgesucht werden, wenn ein sexuelles Problem chronisch geworden ist und die Partnerschaft belastet (z. B. wenn die Partnerin unter chronischer Lustlosigkeit leidet oder eine Erektionsstörung des Partners sich chronifiziert hat).

- Ein Paar kann auch an die Grenzen seiner Selbsthilfe kommen, wenn ein Partner mit einer Beziehung aus seiner Vergangenheit noch nicht abgeschlossen hat. Dabei kann es sich um die Eltern oder einen früheren Partner handeln, den oder die man noch nicht losgelassen hat (d. h., wenn man die Beziehung mit ihr/ihm emotional noch nicht abgeschlossen hat).

- Professionelle Hilfe sollte auch aufgesucht werden, wenn ein Partner z. B. infolge von Schuldzuweisungen durch den anderen anfängt, an seinen Gefühlen und seiner Wahrnehmung zu zweifeln (in solchen Fällen kann auch ein Partner erst einmal allein therapeutische Hilfe aufsuchen). Häufig ist dem Betreffenden in dieser Situation zuletzt nicht mehr klar: „Ist unser Problem *meine* Schuld – übertreibe *ich* vielleicht? Oder könnte das Problem vielleicht mehr bei meinem Partner liegen?" Innere Zerrissenheit, Zweifel und Schuldgefühle können hiermit einhergehen.

- Haben die Partner Defizite in ihrem Verhaltensrepertoire oder gefühlsmäßige Probleme, so ist ebenfalls professionelle Hilfe vonnöten. Dies ist z. B. der Fall, wenn ein Partner sich nicht durchsetzen kann, nicht konfliktfähig oder nicht aufrichtig ist, aber auch, wenn er unter starken Minderwertigkeitsgefühlen, Ängsten, einer Sucht, Depressionen oder anderen psychischen Problemen leidet.

- Wenn ein Paar aus einer coabhängigen Verstrickung zu einer coengagierten Partnerschaft gelangen möchte, dies aus eigener Kraft jedoch nicht schafft, so ist fachliche Hilfe indiziert.

- Nicht zuletzt kann professionelle Unterstützung im Trennungsfall wertvolle Hilfe leisten. Näheres dazu finden Sie im nächsten Abschnitt.

Sollte Ihr Partner nicht bereit sein, mit Ihnen gemeinsam fachliche Hilfe aufzusuchen, so bestehen durchaus auch Klärungs- und Veränderungsmöglichkeiten, wenn Sie sich alleine auf den Weg machen. Sind beide Partner zu diesem Schritt bereit und fühlen sich beide für eine Veränderung der Beziehung verantwortlich, so ist dies die günstigste Ausgangsposition.

Wenn Sie sich auf die Suche nach professioneller Unterstützung begeben, werden Sie auf die Begriffe „Paarberatung", „Paartherapie" oder „Sexualtherapie" stoßen. Lassen Sie sich durch diese Begriffe nicht verunsichern. Die Schwerpunkte können nicht klar voneinander abgrenzt werden, da die Übergänge zwischen diesen Formen professioneller Hilfe fließend sind. Viele Paare, die professionelle Unterstützung wünschen, sind überrascht, dass es nicht eine **einheitliche** Form von Paartherapie gibt. Tatsächlich gibt es eine ganze Vielfalt von paartherapeutischen Konzepten und Behandlungsformen. Einige Therapeuten arbeiten ausschließlich mit beiden Partnern, andere kombinieren Paargespräche mit Einzelgesprächen.

Um zu einer Entscheidung darüber zu gelangen, welcher Therapeut bzw. welches Vorgehen für ein ganz bestimmtes Problem geeignet ist, empfiehlt es sich, ein Erstgespräch mit einem Therapeuten zu vereinbaren. Sie können bei Ihrer Schilderung des Problems darauf achten, welches Vorgehen der jeweilige Therapeut empfiehlt und über welche Erfahrungen und Ausbildungen er verfügt. Wichtig ist auch, dass Sie sich beide ernstgenommen und geschätzt fühlen und der Therapeut sich glaubhaft engagiert, Sie auf Ihrem Weg zu einem realistischen Ziel zu unterstützen.

Professionelle Hilfe im Trennungsfall

Professionelle Hilfe kann grundsätzlich in jeder Phase einer Trennung aufgesucht werden. Je nachdem, zu welchem Zeitpunkt (vor, während oder nach einer vollzogenen Trennung) fachliche Unterstützung in Anspruch genommen wird, werden teilweise andere Ziele und Schwerpunkte in der Beratung bzw. Therapie verfolgt. Grundsätzlich kann solch ein Angebot von einem oder auch beiden Partnern gemeinsam genutzt werden.

Fachliche Hilfe kann **vor** einer Trennung ratsam sein, wenn ein Partner Zweifel hinsichtlich der Entscheidung (Trennung oder nicht?) hat. Psychologische Hilfe kann in diesem Fall den Partner darin unterstützen, die Entscheidung unter Einbeziehung wichtiger Fragen und neuer Perspektiven noch einmal zu überdenken.

Professionelle Hilfe kann sowohl **vor** als auch **während** einer Trennung hilfreich sein, wenn das Paar bzw. ein Partner Unterstützung bei der Umsetzung einer **konstruktiven Trennung** wünscht. Dieses Ziel lässt sich aber auch **nach** vollzogener Trennung noch mit professioneller Unterstützung erreichen. Eine Möglichkeit, mit fachlicher Hilfe eine konstruktive Trennung zu realisieren, bietet die **Mediation.** Die Beschreibung dieses Modells finden Sie im Anhang.

Eine konstruktive Trennung kann grundsätzlich in jeder (Paar-)Beratung bzw. Therapie angestrebt werden, sofern der Berater bzw. Therapeut mit diesem Thema und mit der Arbeit mit Paaren erfahren und vertraut ist und der/die Partner zu diesem Schritt bereit ist/sind.

Möchte ein Partner (bzw. beide Partner) mit Hilfe einer Beratung bzw. Therapie seine Partnerschaft **verarbeiten,** so besteht damit erfahrungsgemäß eine gute Voraussetzung dafür, auch eine Trennung konstruktiv zu gestalten. Wie schon im ersten Teil dieses Buches beschrieben wurde, zählt die Auseinandersetzung mit den beiderseitigen Gründen für die Trennung, und dabei insbesondere die Verantwortungsübernahme für den eigenen Anteil an der gescheiterten Beziehung, zu den wesentlichen Bestandteilen einer gelungenen Trennungsverarbeitung. Mit diesem Schritt ist es einem Partner eher möglich, nicht nur auf einer Seite die Schuld zu suchen. Auf dieser Grundlage hat ein Partner gute Chancen für einen respektvollen und souveränen Umgang mit dem anderen, sowohl während als auch nach der Trennungsphase.

Viele Partner sind motiviert, die Partnerschaft zu verarbeiten und dabei herauszufinden, worin ihr Anteil an der gescheiterten Beziehung besteht, weil sie ihren Kummer irgendwann loslassen und in einer neuen Partnerschaft nicht die alten, ungesunden Muster wiederholen wollen. Hinzu kommt, dass viele Partner – sofern sie Kinder haben – im Rahmen einer Beratung bzw. Therapie für das Ziel gewonnen werden können, ihre Partnerrolle von ihrer Rolle als Eltern zu trennen. Und dies ist unerlässlich, wenn die Partner nicht nur miteinander, sondern vor allem im Umgang mit ihren Kindern einen konstruktiven Umgang mit der Trennung praktizieren wollen.

Hat ein Partner eine Trennung nicht verarbeitet (z. B. den Expartner noch nicht losgelassen), so kann der Verarbeitungsprozess auch noch nach der Trennung z. B. mit professioneller Hilfe vollzogen werden.

Und schließlich: Für viele ist Trennung ein Neuanfang, also ein neuer Lebensabschnitt, bei dem die meisten ihre alten Rollen nicht fortsetzen wollen. Daher kann es lohnenswert sein, seine bisherige eigene Rolle und seinen Anteil an Verstrickungen zu hinterfragen und zu erkennen, um diese in dem neuen Lebensabschnitt durch gesündere Muster zu ersetzen.

Das folgende Beispiel illustriert unterschiedliche Ziele und Schwerpunkte im Verlauf eines mit fachlicher Hilfe begleiteten Trennungsprozesses:

Waltraud ist 49 Jahre alt, verheiratet und von Beruf Bankkauffrau. Wegen Ängsten und Stimmungsschwankungen sucht sie psychologische Hilfe auf. Sie bringt diese Symptome in Zusammenhang mit ihren Beziehungsproblemen mit ihrem 50jährigen Ehemann Hermann. In der Therapie hat sie zunächst das Ziel, ihre Partnerschaft für sich zu klären. Waltraud leidet darunter, respektlos von ihrem Mann behandelt zu werden. Sie berichtet, dass er sie vor allem in Gegenwart Dritter häufig abwerte. Er sei außerdem nicht bereit, seine fehlende Loyalität, seine gelegentlichen Lügen und Affären mit anderen Frauen aufzugeben. Nachdem Waltraud sich die Tragweite der Partnerproblematik bewusst gemacht hat, sie aber andererseits noch Gemeinsamkeiten mit ihrem Partner sieht, formuliert sie im Weiteren das Ziel einer Paartherapie. Sie möchte ihrer Partnerschaft mit fachlicher Unterstützung eine Chance geben und diese hierdurch ggf. retten. Eine Paartherapie kommt jedoch nicht zustande, weil Hermann hierzu nicht bereit ist. Waltraud besinnt sich daraufhin auf sich selber und auf ihre eigenen Veränderungsmöglichkeiten. Als neues Ziel möchte sie im Rahmen ihrer Therapie klären, unter welchen Bedingungen sie bei ihrem Mann bleiben bzw. sich trennen möchte. Sie nutzt die Therapie im Zusammenhang mit dieser Frage, um ihre Entscheidung noch einmal zu hinterfragen und beide Möglichkeiten (Trennung oder Fortsetzung der Beziehung) genauer zu überdenken und abzuwägen. Gleichzeitig hilft ihr die Therapie dabei, ihr Selbstvertrauen zu stärken, um ihrem Mann Grenzen zu setzen. Sie fordert ihn schließlich auf, seine fortbestehenden Probleme (fehlende Aufrichtigkeit, Untreue, Respektlosigkeit) mit Hilfe einer eigenen Therapie in Angriff zu nehmen. Dabei erhofft sie sich, im Anschluss an seine Einzeltherapie evtl. doch noch gemeinsam mit ihm eine Paartherapie zu absolvieren. Sie sagt ihm, dass sie ihn verlassen wird, wenn er zu diesem Schritt nicht bereit ist. Nachdem Hermann auch diesen Wunsch ablehnt, zieht Waltraud aus der gemeinsamen Wohnung aus. Der sich anschließende Prozess der Trennungsverarbeitung gestaltet sich für Waltraud zunächst schwierig, weil sie direkt nach der Trennung noch stark zwischen Schuldgefühlen („Ich hätte bei ihm bleiben müssen, denn ich trage die alleinige Schuld für das Zerbrechen unserer Beziehung!") und einseitigen Schuldzuweisungen ihrem Mann gegenüber schwankt. Im Weiteren gelingt es ihr jedoch, ihren Anteil an dem Scheitern der Partnerschaft von dem ihres Partners zu trennen. In der Therapie realisiert sie, dass ihre Ehe eine coabhängige Verstrickung war. Sie setzt sich damit auseinander, dass sie selber in der Partnerschaft nicht konfliktfähig war und ihrem Mann zwar häufig Vorwürfe gemacht, ihm jedoch nie entsprechende Grenzen gezogen hatte. Ihre verdrängte Wut hatte sich in ihrer Partnerschaft in Form von Wutausbrüchen entladen.

Waltraud nutzt den letzten Therapieabschnitt dazu, um ihr altes, vertrautes Muster der Coabhängigkeit erst einmal in ihrem Alltag durch gesündere Verhaltensweisen zu ersetzen. Sie übt ihren Freunden und Arbeitskollegen gegenüber erste neue Schritte ein, um konfliktfähiger zu werden und bessere Grenzen zu ziehen. Ihrem Exmann kann sie zuletzt bei den gemeinsamen Absprachen hinsichtlich ihrer Trennung (Unterhaltszahlungen, Aufteilung der Möbel etc.) relativ ruhig und sachlich gegenübertreten. Es gelingt ihr sogar, ihm bei einer späteren Gelegenheit ihre Wahrnehmung der beiderseitigen Gründe und Anteile für die Trennung zu schildern. Nachdem Waltraud nach der Trennung verständlicherweise noch eine Zeit lang unter den aufbrechenden Gefühlen leidet, geht es ihr nach insgesamt einem Jahr Therapie schließlich deutlich besser. Sie selber berichtet, dass sie sich ihrer problematischen Muster bewusst geworden sei und sich im Falle einer neuen Partnerschaft diesbezüglich besser gewappnet fühle.

Das letzte Beispiel zeigt, wie aus einer Inanspruchnahme fachlicher Hilfe bei psychischen Problemen manchmal eine Trennungshilfe wird. Vor allem aber zeigt es, dass auch in einer Trennung eine Chance liegt – nämlich die Chance, durch eine Krise zu wachsen und sich selber zu verändern.

Wenn Sie selber gerade in einem Trennungsprozess stecken oder dieser bereits hinter Ihnen liegt, sollten Sie sich die Fragen stellen: Wie habe ich die Trennung bewältigt – wie möchte ich sie bewältigen? Und schließlich: Für welche Fragen und Ziele im Zusammenhang mit der Trennung wünsche ich mir ggf. fachliche Unterstützung?

Zögern Sie daher nicht, professionelle Hilfe aufzusuchen, wenn Sie mit Ihren eigenen diesbezüglichen Bemühungen an eine Grenze kommen.

Schlusswort

Wir sind nun, liebe Leserin und lieber Leser, am Ende unserer Reise angelangt.

Lassen Sie sich an dieser Stelle ein wenig Zeit, um zu bilanzieren, welche Anregungen und Antworten Sie auf Ihre Fragen mitnehmen können.

Eine glückliche Beziehung ist keine Frage des Zufalls. Wie Sie gesehen haben, sind Partnerschaft im Allgemeinen sowie Partnerkonflikte im Besonderen vielmehr ein komplexer und vielschichtiger Prozess; ein Prozess, der sehr viel Arbeit und Ausdauer benötigt, wenn die Beziehung glücklich werden soll. Dass Ihr eigener Einsatz und Ihre Arbeit an der Partnerschaft immer auch bedeutet, erst mal „bei sich selber anzukommen" – in Form von Selbsterforschung und Selbstveränderung –, dürfte deutlich geworden sein.

Vielleicht konnten die Ausführungen Sie in Ihrer Einschätzung bestätigen, wie es um Ihre Partnerschaft steht. Unter Umständen sind Sie auch zu einer ganz anderen Sicht und neuen Klarheit gelangt.

Es wäre schön, wenn Sie die Anregungen und Übungen dazu nutzen können, Ihre Beziehung wieder lebendiger und zufriedener zu gestalten. Für den Fall, dass in Ihrer Partnerschaft Konflikte bestehen oder Sie eine Trennung in Erwägung ziehen bzw. schon realisiert haben, besteht für Sie eine besondere Herausforderung darin, diese Hürde als Chance zu begreifen, sich mit den noch offenen Aufgaben auf eine neue Art und Weise auseinander zu setzen – um deren Bewältigung früher oder später als Reifungsschritt und als Quelle neuer Energien zu erfahren.

Wenn Sie bei einer Krise von vorschnellen Urteilen oder einseitigen Schuldzuweisungen absehen können und an deren Stelle das Bemühen um eine vollständige Sicht setzen – wenn Sie genau damit jetzt anfangen –, dann haben Sie bereits einen großen Schritt in Richtung einer konstruktiven Lösung getan.

Ich hoffe, dass Sie durch das Buch nicht zuletzt mehr Klarheit darüber gewonnen haben, dass in Partnerschaften Muster gelebt werden, die nicht selten an längst vergessene Muster und Rollen anknüpfen, die verdeckt noch immer einen großen Einfluss ausüben. Und vielleicht sind Sie schon sensibler für Ihre ureigenen Muster und Themen geworden, welche Sie in Ihrer Partnerschaft begleiten – oder neugierig, diesen auf die Spur zu kommen.

Egal, ob Sie dies allein oder mit professioneller Hilfe tun: Es lohnt sich, eingefahrene Wege und problematische Muster zu erkennen und zu durchbrechen.

Ich wünsche Ihnen bei der Arbeit an Ihrer Partnerschaft und auf Ihrem Weg zu sich selber alles Gute und viel Erfolg.

Ihre
PETRA SCHULTE-WINTROP

Anhang

Mediation

Neben einer Paarberatung und Paartherapie kann auch die sog. Mediation einem Paar Hilfestellung auf dem Weg zu einer einvernehmlichen Trennung bieten. Der Übergang zwischen diesen Formen fachlicher Hilfe ist fließend. Am Beispiel der Mediation soll aufgezeigt werden, welche Bedeutung dieser professionellen Hilfe zukommt und wie der Weg zu einer konstruktiven Trennung hierbei aussehen kann.

Das Vermittlungskonzept für Scheidungsverfahren (= Mediation) wurde Ende der siebziger Jahre des 20. Jahrhunderts in den USA neu entdeckt. Mediation hat sich inzwischen als wirkungsvolle Alternative zu den üblichen juristischen Verfahren etabliert. Mediation wurde jedoch nicht ausschließlich für Scheidungsverfahren entwickelt, sondern für jegliche Art von Konflikten. Die Familienmediation befasst sich außer mit Scheidungsangelegenheiten mit Trennung, Erbschaft, Besuchsrecht und Sorgerecht. Grundsätzlich ist Mediation eine vor- oder außergerichtliche Konfliktregelung, die mit Hilfe eines neutralen Dritten durch die im Konflikt verstrickten Personen selber angestrebt wird.

Der Vermittler ist dabei kein „Experte“, der den Streitparteien Lösungen vorschlägt, sondern er ist ein „Streithelfer“, der die Verantwortlichkeit für die Streitbeilegung dort belässt, wo sie hingehört: bei den Streitparteien. „Hilfe zur Selbsthilfe“ bzw. „eigenverantwortliche Regelung der Probleme“ stehen hier im Vordergrund.

Einer der führenden US-amerikanischen Vertreter von Mediation, John Haynes, drückt dies so aus:

„Der Rechtsanwalt erzählt einem, was das Gesetz vorschreibt, und der Richter verordnet, was man zu tun und zu lassen hat. Demgegenüber fragt der Vermittler zunächst einmal: Wie würden Sie es denn am liebsten machen? Die meisten Leute kommen also zu einem Vermittler, weil sie hier die Sache in der Hand behalten und selbst eine Regelung aushandeln. Da diese Regelung von ihnen selbst getroffen wird, ist auch die Wahrscheinlichkeit größer, dass sie sich langfristig daran halten werden.“

In der Mediation findet meist weder eine Beratung noch eine Therapie statt. Je nach Ausbildung des Mediators ist eine ergänzende Beratung bzw. Therapie jedoch grundsätzlich möglich. In der Mediation geht es in erster Linie um eine Vermittlung zwischen Interessen. Beide Partner erhalten die

Möglichkeit, ihre Interessen zu artikulieren und dem anderen zur Verhandlung anzubieten.

Die Bezeichnung „Mediator“ ist kein geschützter Titel und sagt daher nichts über die Berufsqualifikation aus. Mediatoren mit der Zusatzbezeichnung BAFM (Mitgliedschaft der Bundesarbeitsgemeinschaft Familienmediation) oder BM (Bundesverband für Mediation) verfügen jedoch über Spezialausbildungen, die von den Berufsverbänden gefordert werden. Die Europäische Charta verlangt, dass Mediatoren ein Grundstudium in Rechtswissenschaften (Rechtsanwalt) oder in einem psychosozialen Beruf **und** eine Spezialausbildung in Mediation aufweisen.

Der Mediationsverlauf kann sich über nur eine Sitzung oder über mehr als ein Jahr erstrecken. Oft werden drei bis fünf Sitzungen benötigt, um für viele strittige Punkte Lösungen zu finden.

Das sog. **Phasenmodell** ist eine von mehreren Theorien zur Mediation. Bei den folgenden Ausführungen zum Phasenmodell und den zugehörigen Schritten berücksichtigen Sie bitte, dass in nur einer Sitzung ein bestimmtes Thema durch alle Phasen laufen kann.

In der **ersten Phase** werden die Eignung des Paares geprüft und die Partner über den Ablauf der Mediation informiert. Geklärt wird beispielsweise, ob beide Partner an einer für beide Seiten fairen Lösung interessiert sind, ob sie genügend Eigeninitiative und Eigenverantwortung aufbringen können und bereit sind, ihre finanziellen Verhältnisse offen zu legen. Beide Partner sollten in dieser Phase relativ sicher sein, dass sie die Scheidung tatsächlich wollen. Manchmal zeigen die Partner an diesem Punkt ambivalente Bestrebungen. Aber auch Ambivalenz kann erfolgreich mediiert werden. Beide Partner müssen sich über ihre Rechte informieren lassen. Sofern sie eine gerichtliche Form beabsichtigen, müssen sie sich in Deutschland (bisher) durch Anwälte vertreten lassen.

In einer **zweiten Phase** werden alle Punkte gesammelt, die nach Meinung der Partner und des Mediators geregelt werden müssen. Beide Partner stellen unabhängig voneinander eine Rangliste ihrer Standpunkte auf. Hier zeigt sich meist, dass sie unterschiedliche Wertungen haben. Zum Beispiel kann für den einen Partner die Frage nach dem Sorgerecht besonders wichtig sein, der andere Partner erachtet dagegen die Unterhaltsfrage als vorrangig. Mit Hilfe des Mediators einigen sich die Partner, mit welchen Punkten sie in die Verhandlung einsteigen. Voraussetzung dafür ist, dass die Partner bereit sind, die Interessen und Bedürfnisse des anderen überhaupt wahrzunehmen und zu akzeptieren. Zeitlich befristete Lösungen sowie das Einteilen von Problemen in kleine Schritte sind nicht nur möglich, sondern manchmal geradezu unerlässlich.

In der **dritten Phase** kommt der Eigeninitiative des Paares eine große Bedeutung zu. Beide informieren sich unabhängig voneinander beim Steuerberater über die zukünftigen Steuerbelastungen, über Betreuungsmöglichkeiten der Kinder oder bei der Bank über Schuldentilgung. Manchmal scheitern Mediationen an dieser Stelle, wenn Partner nicht bereit sind, Alternativen zu suchen und Verantwortung zu übernehmen.

In der **vierten Phase** können die gesammelten und verhandelten Ideen in Form einer Mediationsvereinbarung erstellt werden. Voraussetzung ist allerdings, dass die getroffenen Vereinbarungen vom eigenen Anwalt überprüft worden sind. Jeder muss wissen, welche Folgen die jeweiligen Übereinkünfte für ihn haben.

Damit kann in der **fünften Phase** die getroffene Vereinbarung in Kraft treten. Die Mediation ist allerdings erst dann beendet, wenn sich die Vereinbarungen in der Realität bewährt haben.

Zwischen den einzelnen Phasen werden die ausgehandelten Lösungen auf ihre Praxistauglichkeit hin überprüft. So können die neuen Erfahrungen einbezogen und neue Lösungen erarbeitet und wieder überprüft werden.

Es ist durchaus üblich, dass Paare nach einem halben oder einem Jahr nochmals den Mediator aufsuchen, um genau dies zu prüfen (wie sich die Vereinbarungen in der Realität bewährt haben).

Wenn Sie sich selber auf die Suche nach einem Mediator begeben sollten, stellt sich die Frage: Nach welchen Kriterien treffen Sie die Auswahl – wählen Sie einen Mediator mit der Grundausbildung in Rechtswissenschaften oder jemanden mit einer Grundausbildung im psychosozialen Bereich?

Bei Ihrer Entscheidung können Sie Folgendes berücksichtigen: Wenn Sie mehr Wert auf Familienthemen, wie z. B. Kinderbetreuung, Mehrgenerationenfamilien etc., legen, dann sind Sie bei einem Mediator aus dem psychosozialen Bereich besser aufgehoben. Ist Ihnen hingegen die Klärung rechtlicher Fragen sehr wichtig, ist ein Rechtsanwalt der richtige Ansprechpartner.

Sollten Sie sich zu einer Mediation entschließen, wünsche ich Ihnen bei Ihren Bemühungen viel Erfolg.

Abbildungsverzeichnis

Sachverzeichnis

Literaturverzeichnis

✎ Ciaramicoli, A.: The Power of Empathy. New York: Dutton, 2000

✎ Covington, S., Beckett, L.: Immer wieder glaubst du, es ist Liebe. Wege aus der Beziehungssucht. München: Kösel, 1990

✎ Dombrowski, H.-U.: Wege zu mehr Selbstvertrauen. Hilfreiche Strategien zur Erhöhung des Selbstwertgefühls und zur Gewinnung von mehr Selbstachtung. 2. Aufl. München: CIP-Medien, 1998

✎ Ernst, H.: Empathie: Die Kunst, sich einzufühlen. Psychologie Heute 5, 20-26, 2001

✎ Evans, P.: Worte, die wie Schläge sind. Reinbek bei Hamburg: Rowohlt, 1997

✎ Felser, G.: Bin ich so wie du mich siehst? Die Psychologie der Partnerwahrnehmung. München: C. H. Beck, 1999

✎ Gottman, J. M.: Die 7 Geheimnisse der glücklichen Ehe. München: Marion von Schröder, 1999

✎ Hendricks, G., Hendricks, K.: Liebe macht stark. München: Mosaik Verlag, 1990

✎ Hetherington, C.: Nie mehr abhängig sein. Aitrang: Windpferd, 1996

✎ Jellouschek, H.: Die Kunst, als Paar zu leben. Stuttgart: Kreuz Verlag, 2000

✎ Kästele, G.: Und plötzlich wieder Single. Eine Trennung bewältigen und neue Perspektiven entwickeln. München: Kösel, 2001

✎ Lazarus, A.: Fallstricke der Liebe. 24 Irrtümer über das Leben zu zweit. Stuttgart: Klett-Cotta, 1997

✎ Mandel, A., Mandel, K., Stadter, E., Zimmer, D.: Einübung in Partnerschaft durch Kommunikationstherapie und Verhaltenstherapie. Leben Lernen 1. München: Pfeiffer, 1979

✎ Mellody, P.: Verstrickt in die Probleme anderer. Über Entstehung und Auswirkung von Co-Abhängigkeit. München: Kösel, 1996

✎ Norwood, R.: Wenn Frauen zu sehr lieben. Die heimliche Sucht, gebraucht zu werden. Reinbek bei Hamburg: Rowohlt, 1988

✎ Ofuatey-Kodjoe, U., Koeppel, P.: The Parental Alienation Syndrome (PAS). In: Der Amtsvormund, Sonderdruck 1, 1998

✎ Raffaeli, R.: Wenn die Liebe zur Hölle wird. Eine zerstörerische Beziehung erkennen und ihr entkommen. Frankfurt am Main: Fischer, 2001

✎ Schwäbisch, L., Siems, M.: Anleitung zum sozialen Lernen für Paare, Gruppen und Erzieher. Reinbek bei Hamburg: Rowohlt, 1982

✎ Sternberg, R.: Wir sind in Liebesdingen nie objektiv. Psychologie Heute 1, 14-15, 1998

✎ Sulz, S.K.D.: Als Sisyphus seinen Stein losließ. Oder: Verlieben ist verrückt! 2. Aufl. München: CIP-Medien, 2000

✎ Sulz, S.K.D.: Paartherapien. Von unglücklichen Verstrickungen zu befreiter Beziehung. München: CIP-Medien, 2001

✎ Viorst, J.: Mut zur Trennung. Menschliche Verluste, die das Leben sinnvoll machen. München: Heyne, 2000

✎ Wallerstein, J.: Gute Ehen: Glück kann man erarbeiten. Psychologie Heute 1, 28-31, 1998

✎ Wellershoff, M.: Glücklicher zu zweit. Der Spiegel 43, 300-316, 2000

✎ Willi, J.: Die Zweierbeziehung. Spannungsursachen, Störungsmuster, Klärungsprozesse, Lösungsmodelle. Reinbek bei Hamburg: Rowohlt, 1990

✎ Wolf, D.: Wenn der Partner geht. Mannheim: Pal, 1987